分断するコミュニティ

オーストラリアの移民・先住民族政策

Shiobara Yoshikazu
塩原良和

法政大学出版局

目次

序章　エスニック・マイノリティ政策の新自由主義的転回とコミュニティ　1
　1. コミュニティはなぜ重視されるのか　1
　2. コミュニティとシティズンシップ　5
　3. エスニック・コミュニティと差異化されたシティズンシップ　7
　4. 新自由主義の台頭とコミュニティを通じた統治　9
　5. ふたつの例外化　11
　6. 本書の目的と構成　13

第1章　マイノリティの権利から国益へ　19
　　　　先住民族，庇護希望者，移住者への政策
　1. 先住民族政策——自己決定権の確立と後退　20
　2. 庇護希望者政策——軍事化，民営化，コミュニティでの滞留　27
　3. 技能移民の受け入れと移住者への定住支援——加速する経済優先　36

第2章　コミュニティを通じた統治の展開　45
　　　　北部準州緊急対応と収入管理制度
　1. 自己決定から自己責任へ　45
　2. 緊急対応と「特別措置」　47
　3. パターナリズムと収入管理制度　49
　4. 社会実験からの全国展開　52
　5. コミュニティを通じた統治の拡大・深化　55

第3章　土地権を規制緩和する　61
「格差是正の取り組み」と先住民族共同体

1. ホームランドの今日的意義　61
2. 北部準州緊急対応政策の見直し　63
3. 緊急対応から格差是正へ　65
4. 規制緩和される先住民族の権利　67
5. 誘導される自己決定　70
6. 新自由主義時代の自己決定権　72

第4章　解放か放置か　77
庇護希望者の地域社会での抑留

1. 地域社会への解放？　77
2. 労働党政権の庇護希望者政策　79
3. 「地域社会を活用した」抑留方式　84
4. 人道的措置からコスト削減策へ　90
5. 地域社会に放置される庇護希望者　92
6. 統治としての放置　93

第5章　選別と空間的管理の行方　97
技能移民と非熟練・半熟練労働者の受け入れ

1. 永住・長期滞在技能移民の増大　97
2. グローバルな多文化的ミドルクラス　101
3. 供給主導から需要主導へ　103
4. 選別の技術の高度化　106
5. 地方への技能移民の導入促進　108
6. 半熟練・非熟練労働者を地方へ　111
7. ミドルクラス多文化主義とネオリベラル多文化主義　113

第6章　移住者の互助を活用した支援　119
　　　　　在豪日本人移住者の言語・文化継承

1. フレクシブルな市民？　119
2. 在豪日本人互助組織の再形成　120
3. 移住者支援政策への編入　122
4. 移住者の互助を活用した日本語教育　124
5. 移住者の互助を活用した子育て支援　127
6. コミュニティへのアウトソーシング？　131

第7章　移住者からの異議申し立て　137
　　　　　住民運動から市民運動へ

1. 継承語をめぐる住民運動　137
2. 遠隔地ナショナリズムと「政治的」活動の忌避　141
3. トランスナショナリズムの萌芽　143
4. 保守的価値観との交渉　145
5. フレクシブルな市民から「根付いた」市民へ　147

終章　空間的統治の拡大と分断される社会　151

1. 社会統合政策と出入国管理政策の連動　151
2. 新自由主義的な空間統治　153
3. 段階づけられたシティズンシップ　155
4. 進行する社会的分断　157
5. ホームを取り戻す　160

引用・参考文献　165

あとがき　181

索引　185

序章

エスニック・マイノリティ政策の新自由主義的転回とコミュニティ

1. コミュニティはなぜ重視されるのか？

　オーストラリアを自分の研究対象にしようと決めたのが 2000 年，現地調査を始めたのがその翌年だから，もうずいぶん前のことである。移住者の社会統合政策としての多文化主義の分析から始まり，難民・庇護希望者（asylum seekers）や，先住民族（indigenous peoples）に関する政策の分析，高度人材移民の受け入れ，地域社会での移住者支援施策など，関心の赴くままに次々と研究対象を広げていった。多文化社会のあり方に関心をもつ社会学者にとってオーストラリアは興味深い出来事に満ちているし，専門とする研究者が比較的少ないので，何に取り組むにもまず自分から動かないといけないという事情もあった。それにしても，ひとりの研究者としては研究範囲を広げ過ぎたかなと反省もする。オーストラリアの難民・庇護希望者問題とそれ以外の移住者の政策を並行して考察する研究者は少ないし，ましてや移住者と先住民族の問題を結びつけようとする者はもっと少ない。

　しかし，こうした研究の進め方だからこそ，得たこともある。広くエスニック・マイノリティに関わるこれらの政策領域で「コミュニティ（community）」や「場所（place）」という言葉が強調される傾向があることに

気づいたのは，2000年代後半に労働党のケヴィン・ラッドが首相に就いた頃だった。最初は，大した意味があるとは思わなかった。コミュニティというのはありふれた言葉だし，良いイメージもある。お上の押し付けではない，「住民の立場に立った」施策をアピールしているに過ぎないのだろう，と。だが調査を進めていくうちに，これが単なるスローガンの問題ではないことがわかってきた。それぞれの政策において，共同体，あるいはそれが根付いた地域社会という意味でのコミュニティの重要性が，大きく変化していたのである。しかも，それは住民や当事者の目線から施策を行うという方向にではなく，行政がコミュニティのあり方に干渉することで，人々をより個人として管理しやすくするという方向への変化であった。いったいなぜ，異なった政策でほぼ同時期に，こうした変化が同時進行していたのだろうか。本書は，その答えを見つけようとするものである。

　まず確認すべきなのは，オーストラリアでは先住民族，庇護希望者，それ以外の移住者に対する政策は，基本的にそれぞれ別個に行われてきたことである。もっとも中央政府の省庁は政権交代などの事情でしばしば制度改編され，とりわけ先住民族や移住者に関する政策の所管は比較的頻繁に変更される。先住民族では，ハワード保守連合政権（1996-2007）の後半にあたる2001-2006年は，移住者への政策と先住民族政策は同じ省庁が管轄し，移民・多文化・先住民族問題省（Department of Immigration, Multicultural and Indigenous Affairs: DIMIA）と呼ばれていた。やがて移民省から切り離され，ラッド＝ギラード労働党政権（2007-2013）では家族・住宅・コミュニティサービスおよび先住民族問題省（Department of Families, Housing, Community Services and Indigenous Affairs: FaHCSIA）が所管した。2013年9月に労働党政権に代わりアボット保守連合政権が成立すると，内閣府（Department of the Prime Minister and Cabinet）に移管された。ただし先住民族を主な対象とした公共サービスは，他省庁の社会保障，雇用，環境，司法，教育，産業，保健衛生，芸術文化などの政策でも実施されている[1]。またオーストラリアは連邦制国家であり，州政府には連邦に対して比較的独立した権限がある。各州・北部準州・首都

特別地域（ACT）の政府，地方自治体も，連邦政府と連携しつつ先住民族に関わる施策を展開している。

連邦移民省の正式名称は，ハワード保守連合政権期には先述の DIMIA から 2006 年に移民・多文化省（Department of Immigration and Multicultural Affairs: DIMA）に，さらに 2007 年には移民・市民権省（Department of Immigration and Citizenship: DIAC）となった。ラッド = ギラード労働党政権期には DIAC のままだったが，アボット保守連合政権になった 2013 年に改組され，名称も移民・国境警備省（Department of Immigration and Border Protection: DIBP）に変わった。しかし本書では，区別する必要がない限りはいずれも移民省と表記する。

なお本書では，国境を越えて移動する人々という最も広い意味での immigrants（あるいは migrants）を，「移住者」とする。ただし後述するように，オーストラリア政府は，やむを得ない事情で故国を追われた「難民や人道的見地からの受入者（refugee and humanitarian entrants）」ではない，自発的にオーストラリアへの移住を希望する人々を migrants と呼んで区別することがある。この意味での immigrants/migrants を，本書では「移民」と表記する（連邦政府の Department of Immigration は移住者全般の出入国管理を所管するため，本来は「移住者省」と訳すべきであるが，慣例なので移民省と訳す）。日本では難民政策とそれ以外の移民政策を一括して「移民政策」と称することが多いが，オーストラリアについて論じる際は，難民などを対象に含めるときは「移住者政策」，含めないときは「移民政策」と区別したほうがわかりやすい。

その移住者のうち難民や人道的見地からの受入者に関しては，移民省が年間受入計画を策定する。ラッド = ギラード政権では，移民省がかれらの支援プログラムを外部団体に委託し実施していた。しかし 2013 年に保守連合政権が発足すると，年間受入計画の策定やビザの交付などの業務は移民省が引き続き担当したが，入国した難民への支援は社会サービス省（Department of Social Services: DSS）の管轄に[2]，庇護希望者への滞在支援は移民省の管轄になった。

庇護希望者とは，連邦政府に国外から難民として庇護を申請し，入国を許

可されビザを交付された人々とは異なり，オーストラリアに入国してから庇護申請をし，政府による審査の結果を待っている状態の人々である。日本ではよく「難民問題」と総称されるが，法律上の身分としても実態としても，難民として認定された者とまだ認定されていない庇護希望者はまったく異なる境遇に置かれており，混同すべきではない。実際オーストラリアでは，日本で難民問題と呼ばれるものの一部は庇護希望者問題（asylum seekers issue）と呼ばれる。ラッド＝ギラード労働党政権では，庇護希望者は移民省の管轄だった。難民や人道的見地からの受入者への政策も移民省の管轄だが，庇護希望者への政策はそれとは区別され，国境警備政策としての側面がより強い。その後の保守連合政権でも移民省は引き続き，庇護希望者の身柄の抑留，仮放免・仮滞在ビザの交付や，交付後の生活支援を担当している[3]。

　連邦政府は，庇護希望者を移住者とはみなさない。それ以外の移民，難民や人道的見地からの受入者の支援は，ラッド＝ギラード労働党政権では学校教育以外は主に移民省の管轄だった。しかしその後の保守連合政権では，英語教育の機会を無償ないし低額で提供する「成人移住者英語教育プログラム（Adult Migrant English Program: AMEP）」は紆余曲折を経て教育省（Department of Education and Training）に，それ以外の移住者支援施策は社会サービス省の管轄になった[4]。なお先住民族政策と同様，移住者の支援にも，州や地方自治体が広範に関わっている。むしろ，連邦政府よりも州・地方自治体レベルの施策のほうが現場への影響は大きい。

　このように，オーストラリアでは先住民族政策と移住者・庇護希望者政策は，基本的に別個に進められてきた。同じ省庁が所管した場合でも，担当部署やスタッフは明確に異なる。では，先住民族，庇護希望者，技能移民の受け入れ，移住者への支援のいずれの領域においても，コミュニティを重視した政策が，しかも2007-13年という同じ時期に強調されるようになったのはなぜなのだろうか。これが，次章以降の事例研究を通じて明らかにしたい問いである。以下ではまず，コミュニティという概念と，先住民族や移住者といったエスニック・マイノリティの差異の承認や権利保障との関係をめぐる

従来の議論を整理する。それによって，次章以降の詳細な事例研究のための分析枠組みを提示したい。

2. コミュニティとシティズンシップ

　本書で注目する，オーストラリア政府の先住民族や移住者への政策で使われるコミュニティという言葉は，地域社会・地域共同体という意味か，先住民族や移住者による互助活動という意味のどちらか，あるいは両方を指している。

　コミュニティという言葉は，近代以前から続く土地とのつながり（地域性）によって結びついた，人々の社会的つながり（共同性）を指すことが多かった。こうした意味でのコミュニティを，本書では地域社会あるいは地域共同体と訳すことにする。近代以前からの地域性や共同性が弱体化した近代以降においても，人々のコミュニケーションの多くは依然として対面的で，特定の場所に根ざしている。それゆえ地域社会・地域共同体は何らかのかたちで維持・形成されている。こうした密度の濃いつながりはロバート・パットナムのいう結束型の社会関係資本[5]としての役割を果たし，さまざまな相互扶助を提供する。ただし，今日のコミュニティは地域性と次第に遊離するようになった。ジェラード・デランティは現代的コミュニティの核心を，討議的なコミュニケーションによって構築される人的ネットワークと，そこへの帰属意識に求める（デランティ 2006: 68, 260-272）。その典型が，インターネット上のヴァーチャル・コミュニティである[6]。このような意味でのコミュニティは，もはや地域社会・共同体とは訳せない。

　一方，先住民族や移住者の形成するコミュニティ，つまりエスニック・コミュニティは，先祖伝来の土地や同胞が集住する町など，特定の場所にある程度まで根差している。しかし同時に，近隣に住む人々の地縁を越えた同胞間の互助ネットワークを含む。本章ではこのような意味でのコミュニティを，互助活動ないし互助組織と訳すことにする。つまりエスニック・コミュニテ

ィとはエスニック・マイノリティの互助ネットワークであるが，ある程度まで特定の地域に根差した共同体でもある。

　第二次世界大戦後の西欧では，福祉国家という規範が強い正当性を獲得し，規制と給付をともなう社会政策が整備された（武川 2007: 1-32）。ニコラス・ローズが指摘したように，1960-70 年代の福祉国家では，互助活動としてのコミュニティは行政によって制度化された。すなわち，行政がソーシャルワークによって住民を支援する際，住民の互助活動を行政と人々をつなぐ資源として活用することで，日常生活における保健衛生，医療，治安，教育などの諸問題の解決が目指された（Rose 1999: 167-176）。行政にとって住民の互助活動や互助組織は，T. H. マーシャルのいう社会的シティズンシップ，すなわち「経済的福祉と安心の最小限を請求する権利に始まって，社会的財産を完全に分かち合う権利や，社会の標準的な水準に照らして文明市民としての生活を送る権利に至るまでの，広範囲の諸権利」を住民に保障するための手段となったのである。

　シティズンシップとは，政治共同体と個人の権利・義務関係とそれにともなう地位，そして，そこからもたらされる帰属意識を含意する多義的な概念である。マーシャルが整理したように，権利としてのシティズンシップは 18 世紀にその市民的要素，19 世紀に政治的要素が理念として西欧で確立した。そして 20 世紀前半には，社会的シティズンシップという理念の影響力が高まった（マーシャル／ボットモア 1993: 15-19）。マーシャルはこうしたシティズンシップへの要求が，人々の国民意識を形成し強化することも指摘している。社会的シティズンシップは，階級間の不平等を前提とする資本主義体制で過度の困窮に陥る人々を減少させる役割を果たしたが，次第にさらなる社会的平等への要求を生み出していった（マーシャル／ボットモア 1993: 40-61）。

　18 世紀後半に西欧で国民国家理念が成立すると，シティズンシップはナショナリティの概念と結びついた（ヒーター 2002: 164-186）。その結果，ある国民国家の領土に居住し，帰属している事実に基づいて，人々（国民）に対

して平等な権利や義務が付与されるというシティズンシップの概念が定着した（アーリ 2015: 278-282）。それはやがて国民国家システムとともに，世界中に拡大していった（サッセン 2011: 309）。このような国民的・領域的シティズンシップ観は，社会的シティズンシップの実現を目指す福祉国家にとっての前提ともなった。

3．エスニック・コミュニティと差異化されたシティズンシップ

　福祉国家的な社会政策とコミュニティは，第二次世界大戦後の先進諸国において，先住民族や移住者の権利を拡大するのに大きな役割を果たした。1960 年代以降，かれらの異議申し立て運動が活性化した（関根 1994: 13-17; 梶田 1988: 16-65）。このとき，差別や不公正と戦うための相互扶助や人的つながりの拠点となったのが，エスニック・コミュニティであった。

　誤解されがちだが，エスニック・コミュニティの異議申し立ては，国民社会からの分離を目指すとは限らない。確かに結果的に，移住者のコミュニティが排他的になったり，少数・先住民族の運動が分離主義的になることはある。だがウィル・キムリッカも述べるように，主流社会への統合を徹底的に拒むエスニック・マイノリティ運動は先進諸国ではほぼ見られない。とりわけ移住者は，差別や不平等を解消したうえでの主流社会への公正な統合，すなわちシティズンシップの確立を求める（キムリッカ 2012: 23-54）。

　下層労働者や貧困層，女性や障がい者といった他の社会的マイノリティと同様，エスニック・マイノリティが市民的・政治的権利を得たのは富裕層・中間層の健常な男性よりも遅かった（ヒーター 2002: 31-44）。現在でも，まだ十分な権利が保障されているとは限らない。とりわけ外国籍住民の政治参加については，論争が続いている。一方，社会的シティズンシップに関しては，外国籍者も住民として平等に扱うべきという考え方も根強い。さらに，エスニック・マイノリティの文化への配慮が必要だという理解が広まっている。かれらの多くは自らの文化やアイデンティティを正当に承認されず，それも

あって経済社会的に不利な立場に置かれてきたからである。それゆえ公正な経済・社会的資源の再配分だけでなく，文化やアイデンティティの適切な承認を同時に進めていかねばならない（フレイザー 2003: 19-62）。つまり，エスニック・マイノリティの公正な社会的包摂のためには，経済・社会的な公正さを重視する従来の社会的シティズンシップの理念では不十分である。

　こうして1980年代以降，先進諸国ではエスニック・マイノリティのアイデンティティや文化的差異を，社会的シティズンシップの前提条件として承認するという考えが広まった。それは，かれらが国民国家のなかでマイノリティとなった歴史的経緯に配慮して，それぞれの集団，すなわちエスニック・コミュニティごとに異なった文化やアイデンティティを保持する権利を承認することであった（大澤ほか 2014: 250-251）。それを個人の自由や権利を基盤とする自由民主主義の制度といかに両立させるかが，課題とされた（キムリッカ 1998）。政府は，文化的差異に配慮した社会的公正を社会政策によって進めていくよう求められた。そして普遍的人権や文化相対主義の理念が世界的に浸透したため，自由民主主義を掲げる政府がマイノリティの要求を全面的にはねつけるのは難しくなった。

　こうして多くの先進諸国では，エスニック・マイノリティの文化やアイデンティティの公正な承認と権利の保障は，自由民主主義に反しない限り，必要であると認識されるようになった。すなわち，エスニック・マイノリティの文化的シティズンシップと，ナショナルな社会的シティズンシップを両立させる「差異化されたシティズンシップ」が目指されるのである（キムリッカ 2012: 55-70）。それは，福祉国家的な公共サービスのエスニック・コミュニティへの拡充をともなう。その結果，エスニック・コミュニティはマイノリティの文化的シティズンシップを保障するための支援施策が人々に介入する手段として，制度化されていくことになった。

4. 新自由主義の台頭とコミュニティを通じた統治

　このように，差異化されたシティズンシップの理念を福祉国家的な社会政策を通じて実現するにあたり，エスニック・コミュニティは重要な位置を占めるようになった。これが一般に，多文化主義（multiculturalism）と呼ばれる政策のひとつのあり方である。多文化主義というとき，たとえばカナダでは移住者と先住・少数民族の両方が対象とされており，国際比較研究でもそのように定義されることがある（Banting and Kymlicka eds. 2006）。一方，第1章で述べるようにオーストラリアの場合，多文化主義政策とは元来，移住者に関わる政策であり，先住民族は含まれなかった。しかし1980年代半ばまでには，移住者と先住民族のいずれの政策でもエスニック・コミュニティを政策の手段とするための制度化が進んだ。

　そのような流れが変化したのは，オーストラリア政治で新自由主義（neoliberalism）の影響力が高まった1980年代後半である。デヴィッド・ハーヴェイは新自由主義を「強力な私的所有権，自由市場，自由貿易を特徴とする制度的枠組みの範囲内で個々人の企業活動の自由とその能力とが無制約に発揮されることによって人類の富と福利が最も増大する，と主張する政治経済的実践の理論」と定義する（ハーヴェイ 2007: 10）。新自由主義は第二次世界大戦直後，ハイエクやミルトン・フリードマンらの思想とともに台頭しはじめ，1970年代から80年代にかけて，米国や中南米で影響力を確保した。そして1980年代以降，世界的な潮流となった。

　ミシェル・フーコーは，新自由主義のもとでは市場が国家を監視し，国家は市場のために統治を行い，国民社会は市場競争に従って調整されると述べた（フーコー 2008）。これは新自由主義的統治性，すなわち「市場主導の真理と予測計算が政治の領域に浸透していく」ことであり，その影響力が増大した国家を，ネオリベラル国家と呼ぶことができる（オング 2013: 20; ハーヴェイ 2007）。フーコーによれば，ネオリベラル国家において人々は「企業家」

としての「ホモ・エコノミクス」へと規律化されていく。すなわち「多くの政治形態によって行動を導き，規律，効率，競争という市場原理に応じて自己を管理するよう誘導する，自由な個人の統治を導く概念」に行動を縛られるようになるのだ（オング 2013: 20）。各個人は，市場における自らの選択の結果を自己責任で引き受けることを強いられる（フレイザー 2013: 174-175）。こうして日常や労働の場で，個人はスキルを身につけ，労働市場の変化に適応して自立するよう要請されるのである。

　福祉国家的な社会政策において，社会的シティズンシップを保障する手段として制度化されたコミュニティは，新自由主義の隆盛とともにその性格を変えていく。ローズは，自己責任という新自由主義的規範を人々に内面化させるため，コミュニティが活用されると指摘した。彼によれば，コミュニティにおける行政サービスは，民間企業や非営利法人，第三セクター等に業務委託される。そして住民の社会的シティズンシップを保障するためではなく，住民が行政サービスに頼らず自立できるように，スキルや資格（人的資本）を獲得して自らの価値を高める能力開発を促す場として活用される。この傾向をローズは「コミュニティを通じた統治（government through community）」と名付けた（Rose 1999: 167-176）。

　このような潮流のもと，福祉国家的な移住者支援の現場でもエスニック・コミュニティの役割は変化する。本書で考察するように，新自由主義の影響力が拡大するとともに移住者への公的支援は削減され，移住者に自助努力を求める傾向が強まっている。たとえば，かつて「コミュニティ開発（community development）」と呼ばれた公的支援は，自力での問題解決を含意する「コミュニティ能力構築（community capacity building）」「コミュニティ・レジリエンス」といった名称に改められた。2017年現在のオーストラリアでは，移住者のコミュニティを直接対象とした公的支援は周辺的なものになっている。

　同様の傾向は，先住民族政策にもみられる。先住民族は近代国家が成立する際に植民地化された集団であり，差別や構造的不平等によって市場経済のもとで周辺化されてきた。かれらは貧困や失業などの深刻な社会問題を抱え，

植民地支配の補償という意味も込めて政府が提供する社会福祉サービスに依存しがちになる。すると，そのサービスの多くがマジョリティ国民の税金で賄われているという非難（福祉ショーヴィニズムと呼ばれる）が活発化する。一方で，先住民族共同体の多くは祖先の土地（ホームランド）と法的・社会的つながりを保とうとしてきた。オーストラリアの先住民族政策はそのため，ホームランドの土地権・自己決定権を保障する側面を有してきた（塩原 2013a）。だが新自由主義的な改革はこうした権利を既得権益とみなし，住民に自立と自己責任の規範を徹底することで，先住民族の土地権・自己決定権の力を弱めていった（第2・3章参照）。

5. ふたつの例外化

　新自由主義的な改革は，社会政策を残余主義的にする。それはあらゆる市民（国民）に社会的シティズンシップを保障するのではなく，自己責任を果たせないとレッテルを貼った人々に，政府が恩恵として必要最低限与えるものとなる。これが特定のコミュニティに対して行われるということは，国民国家のすべての構成員に平等な権利と義務を付与するという国民的・領域的シティズンシップの原理に「例外」が生じることを意味する。コミュニティを通じた統治の対象となるそこの住民は，自己責任を果たせないため，同じ国にいるのに不完全な権利しか与えられない例外的存在に貶められる。第2・3章で論じるように，ハワード政権からラッド＝ギラード政権にかけては，コミュニティを通じた統治による，先住民族貧困層の「二流国民」化が進行した。

　このような例外状況としてしばしば注目されるのは，ジョルジョ・アガンベンを引用し議論されることが多い国境管理政策である（第4章参照）。これは，難民や非正規滞在者などを国家にとって望ましくないとし，法的な庇護を他の市民のようには与えずに物理的・社会的に排除する政策である。国境の管理はもともと，テロ対策や犯罪対策という名目で，国内では許されない

人権侵害が政府自身によって遂行されたり，それが世論に黙認される傾向がある（モーリス-スズキ 2004）。それに加えて，今日の先進諸国は国内産業の競争力を維持し，治安悪化やテロリズムを懸念する世論に配慮して，発展途上国の人々の無統制な流入をますます恐れるようになっている。そのため非正規入国者の取り締まりが強化され（軍事力が動員されることもある），庇護申請や人道的配慮が適用されにくくなっている（森・ルバイ 2014: 4-9）。ジグムント・バウマンは，このような政策の対象となり，国家による法的庇護を不完全にしか受けられない難民や庇護希望者などを「放浪者」と形容した（バウマン 2010: 125-132）。

　こうした例外化は，国境だけではなく国内にも及ぶ。テロ対策や犯罪者対策は国境だけでは完結せず，国内に潜伏する「内なる敵」の捜索をともなうからである。こうして国内においても，特定の人々を国家の法的な庇護を十分に受けられない例外として扱う政策が進められる。非正規に滞在する外国人はテロリストや犯罪者の予備軍と名指されることが多いが，イスラム教徒や途上国出身者も国籍や合法的な滞在資格があるにもかかわらず自由や権利が侵害されることも珍しくない。それが非常事態の名のもとに正当化され，世論もそれを黙認する状況を，ガッサン・ハージは「戦時社会（warring society）」と呼ぶ（Hage 2015: 18-24）。

　こうして「望ましくない」人々の権利と尊厳の剥奪が例外的に進められる一方で，政府や企業にとって「望ましい」人々を優遇する「例外化」も，新自由主義の拡大とともに進行する。「高度人材」「技能移民（skilled migrants）」などを勧誘し歓待する例外化である。たとえば東・東南アジアの新興国家では経済成長を推進するために，高度な技能や財力，人脈を持った外国人や，それを補う非熟練・半熟練の仕事に就く外国人を，規制緩和や自由化といった優遇措置を設けた，限定された地区に誘致する政策が行われてきた。アイファ・オングは，アジア資本主義諸国に特徴的なこうした手法を「新自由主義的例外化（例外としての新自由主義）」と呼んだ（オング 2013）。望ましい移住者を誘致するこうした出入国管理政策は，かれらに快適な生活を保障する

国内政策と表裏一体でなければ，そもそも機能しない。それゆえこの例外化も出入国管理政策にとどまらず，国内における社会統合政策（多文化主義政策）のあり方に影響を与えていく（第5章参照）。

重要なのは，新自由主義的例外化によって優遇される人材は，自己責任という規範を内面化し実践する人々だと想定されていることである。かれらが福祉制度の利用者となり国家財政に負担をかけるとは，想定されていない。かれらは自分が自立した人材であることを政府に対して絶えず証明し続ける代わりに，ときに自国民を差し置いてまで特権的に政府に厚遇される「ネオリベラルな市民」なのである（McNevin 2011: 61-64）。これをローズは，「アクティブなシティズンシップ」と表現した（Rose 1999: 165-166）。だが，自己責任規範を内面化し自立を目指す「アクティブな」人材でも，移民であるために生ずるニーズはある（石井・関根・塩原 2009）。そのようなニーズはしかし，住民自身が税金を極力使わずに解決することが前提とされる。それゆえ出入国管理政策によってこうした人々が優先して受け入れられるということは，移住者支援施策が移住者の互助活動（コミュニティ活動）への依存を強めていくことを意味する（第6章参照）。

6. 本書の目的と構成

「差異化されたシティズンシップ」を保障する福祉国家的な社会政策のために制度化されたエスニック・コミュニティは，新自由主義的な「アクティブなシティズンシップ」という規範を押し付けるための手段として活用される。人々の自立を前提としたこの「コミュニティを活用した」施策によって，国民的・領域的シティズンシップが変質し，さまざまなかたちで「例外的に」特権を付与されたり権利を制限された人々が出現する。以上のような論理がどの程度現実に起こっているか，それはどのような帰結をもたらすのか，本書ではオーストラリアの諸政策を事例に検証してみたい。具体的には，2007年12月から2013年9月までオーストラリア連邦の政権を担った，労

働党（Australian Labour Party: ALP）の先住民族政策，庇護希望者政策，および移民政策（技能移民受入と移住者定住支援）を中心に分析する。

　1996年からつづいた自由党・国民党連立（保守連合 Coalition）政権のジョン・ハワード首相から政権を奪取した労働党のケヴィン・ラッドは，2010年6月に党の内紛によってジュリア・ギラードにその座を譲った。2013年6月にラッドは首相に返り咲いたが同年9月の総選挙で労働党は敗北し，トニー・アボット保守連合政権が発足した。第1章では，ラッド＝ギラード労働党政権が登場する以前のオーストラリアの先住民族政策，難民および庇護希望者政策，移民の受け入れと支援政策を整理する。ハワード保守連合政権では先住民族の権利の保障や移住者の多文化主義政策が大きく後退し，庇護希望者についてもきわめて排外主義的であった。一方，ラッド＝ギラード労働党政権は，エスニック・マイノリティの権利に比較的配慮した政策を実施したとみなされがちである。確かに第1次ラッド政権期には，前政権との差異化を図る意味でもリベラルさが強調された。続くギラード政権期にはハワード時代には顧みられなかった多文化主義が見直され，オーストラリアが多文化主義国家であることがあらためて宣言された。その後，アボット保守連合政権期には，きわめて厳格な庇護希望者政策が復活した。その傾向は，アボット政権に続く2017年現在のマルコム・ターンブル保守連合政権にも受け継がれている。それゆえラッド＝ギラード労働党政権のエスニック・マイノリティ政策は，細部に関しては批判の余地があっても，ハワードやアボット＝ターンブルの保守連合政権よりはまだましだったという評価も可能である。実際，先行研究では，保守連合政権が抑圧的な先住民族政策や排外的な庇護希望者政策を進めたことに批判を集中させがちである。

　しかし，たとえば筆者が「ネオリベラル多文化主義」と名付ける言説がハワード政権期に確立したことからもわかるように（第1章参照），オーストラリアのエスニック・マイノリティ政策を考察する際には，比較的わかりやすい排外主義的なナショナリズムやレイシズムだけではなく，新自由主義のイデオロギーの継続性に注目することが不可欠である。保守連合政権では排外

主義的ナショナリズムの陰に隠れて目に付かなかったこの側面を，2007-2012年の労働党政権が前面に押し出していたことを分析する意義はそこにある。それはまた，他国の比較的リベラルな政治勢力のエスニック・マイノリティ政策を考察するうえでも有益だろう。

　第2章と第3章では，ハワード政権最末期に導入された先住民族を対象とする「北部準州緊急対応（NTER）政策」が労働党政権にいかに継承されたかを，新自由主義的な改革とコミュニティを通じた統治という視点から再検討する。第2章で説明されるように，ハワード政権は先住民族の「福祉依存」からの脱却を掲げ，それを抑圧的な方法で押し進めた。労働党政権はハワードの政策を批判しつつ，実質的にはそれを引き継ぎ，換骨奪胎し，「場所を重視した（place-based）」制度と呼ぶ改革を進めた。それは北部準州に留まらず，また先住民族政策の枠を超えた，国全体の社会福祉政策が変わる前兆であった。第3章では北部準州緊急対応政策と前後して連邦政府が始めた「格差是正の取り組み（Closing the Gap Initiative）」が，先住民族の自決権や土地権を既得権益とみなし，企業活動の効率化のために規制緩和しようとしたことを明らかにする。こうした改革は，先住民族にホームランドで生活するのをあきらめさせ，行政や企業にとって都合のよい場所に自ら移動することを「自己決定」させる意図があった。

　第4章および5章では，ラッド＝ギラード労働党政権の庇護希望者政策と技能移民政策におけるコミュニティの役割と，それにともなう例外化を分析する。出入国管理に関するこの対照的な政策領域で，同じ時期にコミュニティを通じた統治の徹底が見られた背景には，経済的効率性の追求があった。第4章で論じるように，オーストラリア政府に難民として認定されたい庇護希望者は，難民申請の結果がわかるまで劣悪な環境で移動の自由を長期間奪われていたが，労働党政権ではこうした従来型の抑留施設に収容するのではなく，一定の移動の自由を認めたうえで，地域社会に滞在させる制度が推進された。ただし市民としての権利は認められず，法的にはあくまでも抑留状態にある非正規滞在者とみなされるため，一般には代替的抑留などと呼ばれ

る。これを政府は「地域社会を活用した（community-based）」抑留と呼んだ。この方針は当初，庇護希望者を従来型施設から解放し，より自由を与えるものとして市民社会から好意的に受けとめられた。しかし労働党政権末期には，庇護希望者の移動や居住地の選択の自由を若干認めるかわりに，市民としての権利が認められない仮放免状態のまま，慣れない国で自力で住居を見つけ，難民申請の結果がわかるまで（その期間は数か月から数年に及んだ）独力で生活することを強いるという，別の側面が露わになった。それは庇護希望者を社会における例外的存在として放置することで，低コストで管理する方法でもあったのである。

　第5章では，世界経済危機を契機にラッド＝ギラード労働党政権が改革を進めた技能移民政策について分析する。この改革は，技能移民や半・非熟練一時滞在外国人労働者の導入を，受入側の企業や行政の需要に厳密に合致させることを目標とした。先進国で一般的な傾向ではあるが，都市と地方の格差がとくに大きなオーストラリアではさらに，かれらを地理的に最適な場所へ配置する制度が整備された。それは移住労働者からみれば，移動や居住地選択が例外的に制限されるビザを，自己責任で選択することを意味した。

　第6・7章では，移住者支援政策におけるコミュニティを通じた統治とその帰結を，シドニーの日本人移住者の事例研究から検討する。これまで述べてきたように，コミュニティを通じた統治とは，コミュニティが福祉国家のもとで行政の政策の一部に組み込まれ，さらに新自由主義改革によって個人の自立のための能力開発の場へと変質してしまい，結果的に行政が果たすべき役割を個人の自己責任に委ねてしまう（しかも，それが行政サービスの低コスト化の手法とされる）状況である。2001年から筆者がフィールドワークを継続している，在豪日本人移住者と支援政策の関わり方にも，そのような「アウトソーシング」の側面がみられることが第6章で示される。それは「移住者の地域における互助を活用した（community-based）」支援政策に，日本人移住者たちが組み込まれていくことを意味した。

　一方，第7章ではそうした政策との関わりから日本人移住者たちが得た経

験や知識，ネットワークが，オーストラリアの政府や社会に対して異議申し立てをするときの資源にもなっていることを明らかにする。日本人移住者は，技能を持っていたり比較的裕福な人々が主体となる「グローバルな多文化的ミドルクラス」（第5章参照）のオーストラリアにおける先駆と言える。従来の政策ではこうした人々を，自己責任を規範とし経済的に自立しているため政府に積極的に異議を申し立てることはないと想定しがちであった。しかし第7章では，ミドルクラス移民であっても，政府によるコミュニティを通じた統治を逆手にとって，自分たちの利害や理想を追求することを示す。

そして終章では，それまでの章で検討したラッド＝ギラード労働党政権の先住民族政策，庇護希望者政策，移民政策における新自由主義的改革がもたらした，空間的統治のあり方を整理する。コミュニティという言葉は，政府による上からの押し付けではなく，住民の目線に立ち，当事者主体の政策を行うというニュアンスが込められ，無批判に肯定されがちである。しかし本書で検討する諸事例においては，むしろそうした好ましいイメージを隠れ蓑に，ある特定の場所に住むマイノリティに対して自己責任を促すことで行政サービスを効率化・低コスト化する新自由主義的な空間統治が推進されていた。こうした事例研究によって，同じ場所に住む人々に平等な権利を保障しようと努めてきた国民国家のシティズンシップ理念そのものが変質していく可能性が示唆される。それは，昨今の国内外の情勢で見られる社会的分断が，法制度的に固定され確立してしまう危険性を示している。

注
1) 連邦内閣府ウェブサイト http://www.indigenous.gov.au/（2017年9月1日アクセス）。
2) 連邦社会サービス省ウェブサイト https://www.dss.gov.au/our-responsibilities/settlement-and-multicultural-affairs/programs-policy/settlement-services/humanitarian-settlement-services-hss（2017年9月1日アクセス）。
3) 連邦移民省ウェブサイト https://www.border.gov.au/Trav/Refu/Illegal-maritime-arrivals/status-resolution-support-services-programme-srss（2016年10月31日アクセス）。
4) Acil Allen Consulting（2015: 6）．連邦社会サービス省ウェブサイト https://www.dss.gov.

au/settlement-and-multicultural-affairs（2016年10月31日アクセス）。
5) 　パットナムによれば，社会関係資本（social capital）とは「個人間のつながり，すなわち社会的ネットワーク，およびそこから生じる互酬性と信頼性の規範」である。社会関係資本は集団の構成員内部の互酬性を強化する「結束型」と，外部資源との連携や情報交流を促進する「橋渡し型」がある（パットナム 2006: 14-20）。
6) 　場所に根ざさない非対面的なコミュニティが，それ自体で結束的な社会関係資本を生み出す可能性は低い。しかしそれは人々にある種の帰属意識をもたらし，既存のコミュニティのネットワークを活性化させる（デランティ 2006: 233-358）。また，おびただしい数の他者との比較的弱いつながりを急速にネットワーク化する。しばしば国境を越えてつながるこうしたネットワークは，「橋渡し」的な社会関係資本（注5参照）の役割を果たす。

第1章

マイノリティの権利から国益へ
先住民族，庇護希望者，移住者への政策

　本書では 2007-13 年のラッド゠ギラード労働党政権における先住民族，庇護希望者，技能移民の受け入れ，そしてその他の移民への定住支援の各政策の事例研究を行う。本章では，次章以降の事例研究を政策的変化の流れのなかで位置づけて理解するために，こうした諸政策の歴史を整理し，それ以前の方針がラッド゠ギラード政権期にどのように引き継がれていったのかを概観する。本書を執筆している時点で，戦後のオーストラリアにおけるこれらの政策の経緯を横断的・網羅的に紹介している日本語の文献は少ない。それゆえ次章以降での事例研究を歴史的変遷に適切に位置づけて理解するためにも，本章の整理にある程度紙幅を割きたい。

　一般に，エスニック・マイノリティが被る社会的不公正の是正や差異の承認を目指す政策には社会全体の利益との両立，つまり「多様性と統一のバランス」が求められる。ただし，あくまで後者が優先されることが前提である。しかもバランスが取れているかどうか判断する権力は，マジョリティに集中しがちである（ハージ 2003: 244-24; モーリス－スズキ 2002: 142-166; フレイザー 2003: 19-62）。1970 年代から 80 年代にかけて，先住民族と移住者のいずれの政策においても，マイノリティの権利を承認し経済社会的不公正の是正を目指す理念が確立された。しかしその後，「社会全体の利益」がより重視されるようになり，とくに経済的な「国益」が強調されるようになっていった。

次章以降で検討するラッド＝ギラード労働党政権期の諸事例は，こうしたバランスの変化の延長線上に位置づけられる。

1．先住民族政策——自己決定権の確立と後退

先住民族という概念を明確に定義することは難しいが，国際労働機関の第169号条約（第1条第1項b）では，「独立国における民族であって，征服もしくは植民地化又は現在の国境が画定されたときに，その国又は国の属する地域に居住していた住民の子孫であるために先住民族とみなされ，かつ，法律上の地位のいかんを問わず，自己の社会的，経済的，文化的及び政治的制度の一部又は全部を保持している者」と定義している（トメイ・スウェプソン 2002: 70）。先住民族は単なる人口学的なカテゴリーではなく，近代国家に植民化され，現在に至るまで国民国家の枠組みのなかで周縁化されてきた人々の自己決定権を回復させることを目指した概念である（上村 1992）。

オーストラリアの先住民族は，オーストラリア大陸に約5万年前から暮らしてきたアボリジナル（アボリジニ）と，メラネシア系のトレス海峡諸島民である（小野 2009）。オーストラリアでは1788年の英国人の入植と囚人流刑地の建設以来，白人による殺害や酷使，食料や天然資源の乱獲と生活環境の悪化，国外から持ち込まれた疫病などの影響で，推定30万人余りいたアボリジナルは20世紀前半には6万人台にまで減少した（金田 2002: 165）。生き残った人々の多くも先祖伝来の土地を白人の農場・牧場主などに収奪され，低賃金・無賃労働者として搾取された。先住民族の土地所有を法的に有効とは認めない「無主地（テラ・ヌリウス）」の原則に基づき，こうした収奪は正当化された（鎌田 2014a: 8）。かれらは「滅びゆく人々」とされ，19世紀後半になると保護という名目で白人社会から隔離された（Maddison 2009: 4-7; 鎌田 2002: 132-133）。一方，祖先の土地から離れた人々は，都市部の貧困層を形成した。

20世紀に入ってからは，アボリジナルを白人社会に同化させる政策が連

邦や各州で採用された（鎌田 2002: 133-134）。こうした同化政策のうち，とくに悪名高いのは，先住民族と白人の混血の子どもを先住民族の親から強制的に引き離し，教会や政府の施設で養育した施策である（鎌田 2014a: 11-13）。白人社会ではほとんど知られていなかったこの施策は 20 世紀後半まで続き，1997 年にオーストラリア人権・機会均等委員会の報告書で詳細が明らかになると，大きな衝撃を引き起こした。この施策によって家族と引き離された人々は，「盗まれた世代」などと呼ばれた（塩原 2013b）。白人の里親に引き取られ，良好な家庭環境や教育を享受できた者もいたが，使用人や肉体労働者として差別や虐待を受けたり，家族から強制的に引き離され PTSD に苦しむ者も多かった（鎌田 2001: 53-54; ハージ 2008: 119-121）。

(1) 社会福祉・社会保障の拡充

1950 年代になると，オーストラリア国民としてのシティズンシップを要求する先住民族からの異議申し立てが相次ぎ，差別的な法律は徐々に是正されていった（鎌田 2002: 137）。1967 年の国民投票の結果を踏まえた憲法改正により，連邦議会がアボリジナルへの政策に関する立法権を得た。こうして人種差別撤廃条約に基づいて 1975 年人種差別禁止法を制定するなど，連邦政府が批准した国際条約のために国内法の整備を進めることも可能になった（鎌田 2002: 136-137）。やがて人種差別的な政策への国内外からの批判や国際社会における脱植民地化の潮流，そして移民政策における多文化主義の導入にも影響され，先住民族の同化政策は転換していった。こうしてゴフ・ウィットラム労働党政権期（1972-75 年）に「自己決定（self-determination）」を基本理念とする政策が開始された。連邦政府にアボリジナル問題担当省が創設され，当事者の助言のもとに政策が策定されるようになった（鎌田 2001: 51-52）。こうした政策は，次のマルコム・フレイザー保守連合政権期（1975-83 年）で「自主管理（self-management）」として継続された（鎌田 2014a: 15）。

ところで鎌田真弓は，オーストラリア連邦政府の self-determination policy は，「自己決定」政策ではなく「自主決定」政策と訳すべきだとした。この政策

は先住民族向け社会福祉サービスの配分の決定に先住民族の代表者の参画を認めるが，アボリジナル-トレス海峡諸島民の分離・独立を想定しない「国民国家の枠組みの中での高度な自治の制度化の試み」であり，国際人権法上の自己決定概念と区別するべきだというのが鎌田の主張であった（鎌田2002: 144-146）。

確かに自主決定・自主管理政策が開始された当時，国際人権法における先住民族の権利概念は発展途上であった。しかしその後，1990年代の国際社会では先住民族の自己決定権に関する議論が進んだ（鎌田 2002: 142-144; 上村 1992: 132-178）。2007年には国連総会で「先住民族の権利に関する国際連合宣言」が採択された。ハワード保守連合政権は採択に反対したが，ラッド労働党政権は2009年に賛成の立場に転じた。この宣言では，先住民族の権利としてのself-determinationは既存の国家からの独立を必ずしも意味せず，連邦制などの高度な自治，地方自治などの一般的な自治，場合によっては既存の国家体制への完全な統合など，どの政治体制を選ぶかを「自分たちで決める」権利だとされる（上村 2008: 12-13）[1]。それは，ウィットラムおよびフレイザー政権期に確立した，先住民族の政策決定過程への参画を促す方針とも矛盾しない。

それゆえそうした方針と，後述する先住民族の土地権・先住権原の承認と保障を目指した法制度の整備を，本書では「自己決定政策」と呼ぶことにする[2]。この自己決定政策の象徴が，ボブ・ホーク労働党政権が1990年に設立したアボリジナル-トレス海峡諸島民委員会（Aboriginal and Torres Strait Islander Commission: ATSIC）であった。ATSICは選挙によって選ばれた先住民族が運営し，先住民族に対する連邦政府の社会福祉サービス予算の配分・運営を決定する権限をもっていた（鎌田 2002: 136-138）。

このように1970-90年代初めのオーストラリア政治では，先住民族の意思を尊重した政策形成について超党派的な合意があった。福祉国家的な政策全般が発展したのもこの時期であった（マクレラン・スミス編 2009: 145-148）。その結果，先住民族の貧困やマジョリティ国民との格差を改善するための，

公的資金の投入や行政サービスの拡充が進んだ。長期にわたる社会的排除や貧困のなかで自律を奪われてきた先住民族共同体の社会的シティズンシップを回復するために，それは不可欠だとされた。また西洋的な意味での教育・訓練が不十分で民間企業での就労機会も少ない遠隔地に住む先住民族には，職業訓練も必要だった。そこで1976年に導入されたのが，「コミュニティ開発雇用プロジェクト（Community Development Employment Project: CDEP）」であった。それにより，遠隔地に住む先住民族のための職業訓練と雇用の場が創出された。CDEPはのちに，ATSICの所管となった（鎌田2002: 138）。

こうして先住民族政策は，オーストラリアの社会福祉政策において一定の地位を確立していった（Kowal 2008: 339）。権利の回復と社会保障の充実とともにアボリジナル－トレス海峡諸島民の人口は回復し，2016年国勢調査では約65万人であった[3]。

(2) 権利保障重視の取り組み

先住民族は，先祖伝来の土地を植民地化された人々である。それゆえ先住民族が自己決定権を回復するには，アイデンティティの象徴である祖先の土地と主体的に関わり，生活のための助け合いや政府との交渉のための人的つながり（社会関係資本）を築いていかなければならない。また，植民地化によって従属的地位に押しやられてきた先住民族が，グローバル化で加速した市場競争に放り込まれることで，孤立した無力な労働者としてますます収奪されるのを防ぐという意味でも，祖先の土地とのつながりを回復することは重要である。それはインフラ整備や雇用創出など，先住民族共同体の内発的な経済発展の土台にもなりえる。

こうして1970年代以降，先住民族による土地権回復運動が全国的に展開された。その端緒となったのが，北部準州のアボリジナルであるグリンジの人々による，1966年に始まったウェーブヒル牧場からの退去と土地返還運動（保苅2004）と，やはり北部準州のイルカラ周辺のアボリジナルによる，聖地保全のための鉱山開発差し止め訴訟であった。1972年にはアボリジナ

ルの土地権の獲得を訴える「テント大使館」が先住民族運動家によってキャンベラの連邦議会議事堂前に設置された（細川 1997: 1884-185）。こうした運動はジャーナリストや労働組合などの支援もあって，1976年アボリジナル土地権法（北部準州）に結実した（鎌田 2014a: 19）。この法律に基づき，2005年までに北部準州の45％の土地で先住民族の伝統的土地所有者に譲渡不可能な永代土地共同保有権が認められ，先住民族共同体に一定の自治が認められるようになった（鎌田 2014a: 19-20; 友永 2013: 32）。西オーストラリア州を除くその他の州でも，同様のアボリジナル土地権法が制定された（友永 2013: 32-36）。

これらの法律が近代西洋的な意味での占有権としての土地権を保障するのに対して，「テラ・ヌリウス」原則を否定したオーストラリア最高裁による1992年の「マボ判決」と，1993年に制定された先住権原法は，植民地化が始まった時点で先住民族が保持していた権利の法的根拠（native title）を認定するための法律である。先住権原法は連邦政府とすべての州・準州で制定され，オーストラリア全土で先住権原を認める手続きが明文化された（鎌田 2014a: 21-22; 友永 2013: 36-38）。1996年の最高裁「ウィク判決」は，先住権原が認定されうる土地の範囲をさらに広げた。

こうしてオーストラリア連邦政府は1990年代半ばまでに，先住民族の自己決定を尊重した社会政策を実施し，かれらの土地権や先住権原を認定し保障する，一連の政策や法制度を整備するに至った。こうした先住民族政策は「権利保障を重視する（rights-based）」取り組みと呼べるものであり，当時の国際基準からみて先進的と評価された（細川 1997: 178）。しかしその一方で，自らの先住権原の正当性を訴訟で示すことができる先住民族集団とそうではない集団とで格差や分断が発生した。また先住権原に基づく土地利用協定において特定の先住民族集団，あるいはそのなかの特定の個人の利益を追求する傾向が生じるなど，権利保障重視の取り組みが先住民族社会の分裂を促した側面も指摘されている（友永 2013: 37-42）。

1990年代になると，白人社会と先住民族との「和解（reconciliation）」とい

う目標が世論の支持を集めるようになった。刑務所に拘留中のアボリジナルの不審死が頻発した問題（Aboriginal death in custody）についての調査報告書を受けて，1991 年にアボリジナルとの和解評議会が設置された（鎌田 2014a: 36）。先述の「盗まれた世代」問題の衝撃も大きく，過去の不正義に対する政府の公式謝罪や先住民族との条約（Treaty）の締結を要求する運動が盛り上がりをみせた（鎌田 2001: 53-54; ハージ 2008: 119-121）。白人による侵略，殺戮，土地の収奪，労働の搾取，尊厳の否定といった先住民族に対する不正義に注目し，白人中心のオーストラリアの歴史観を再考しようとする試みも活発化した。しかし一方で，そうした試みを自虐的な歴史観（「黒い喪章史観（black arm-band view of history）」）であると非難する歴史修正主義も 1990 年代に台頭した。その結果，20 世紀末から 2000 年代初頭にかけて，先住民族化と白人社会の関係をめぐる論争が，歴史学や教育学の領域を中心に展開された（ハージ 2008: 116-121）。

(3) ハワード政権期の政策転換

1970 年代に開始された自己決定政策と権利を重視する取り組みがどのような成果を挙げたかについては，評価が分かれる。否定的な論者は，約 30 年経った 2000 年代後半でも，多くの先住民族は依然として貧困，失業，劣悪な衛生・住宅環境，飲酒や薬物・賭博の蔓延，教育機会や達成における格差，偏見・差別や構造的な不平等に直面し続けていると批判した。このような認識は，世論でも根強かった（Kowal 2012: 43-56）。確かに，アボリジナルの多くは深刻な社会状態に置かれていた[4]。ただしこのような否定的評価は，そもそも先住民族に対して完全な自己決定権を与える政策ではなかったこと，長い間白人社会から隔離され，同化政策によって抑圧されてきた先住民族が政府から与えられた予算や機会をすぐには活用できなかったことを勘案する必要があるだろう。

　自己決定政策が失敗したという批判は，ホーク＝キーティング労働党政権に代わって 1996 年に登場したハワード保守連合政権で影響力を強めた

(Maddison 2009: 7-12)。ハワードは前政権が特定の集団の利益に配慮しすぎたと批判し，自らの政権ではマジョリティ国民とのバランスを回復するとした（Dodson 2007: 26）。また，先住民族の権利の承認や保障を重視する労働党政権のアプローチでは，かれらが直面する貧困，雇用や教育，住宅などの問題を速やかに解決できないため，「実用的な（practical）」成果を優先すべきだとした。このような姿勢は「実用的な和解（practical reconciliation）」とも呼ばれた（Hunter and Schwab 2003: 84）。

　こうした主張は，前政権における自己決定政策と権利保障重視の取り組みを後退させる大義名分になった。そもそも先住民族が直面する社会的不公正の多くは，長きにわたる植民地化の歴史の産物である（塩原 2012: 34-64）。それを変えるには長い時間がかかり，成果をすぐに出すことは容易ではない（Woodliff 2012: 66-80）。先住民族の置かれた状況を改善するには長期的な取り組みが欠かせないのであり，そのために必要だったのが植民地化によって奪われた権利を回復する政策であった。ところがハワード政権が掲げた「実用的な」成果を優先する方針は，先住民族の自己決定や権利回復を効率性の名のもとに否定するものであった。たとえば先述の 1996 年ウィク判決を受けて，ハワード政権が 1998 年に成立させた先住権原修正法は，むしろ先住民族の権利を後退させる内容だった（飯笹 2007: 115）。自己決定政策の中心的存在だった ATSIC は 2005 年に廃止され，その業務は他の行政機構に吸収・再編された。一方，ハワード政権が推進するとした貧困や格差の問題についても，大幅な改善は見られなかった。有力な先住民族指導者であるドットソンは，ハワード政権期に格差が劇的に縮小したわけではなく，むしろ先住民族政策は混乱し，放置されていたと主張する（Dodson 2007: 26-27）。それどころか先住民族に対する父権主義（パターナリズム）の姿勢が，政府の政策で露骨に見られるようになった。

　このようなハワード政権の姿勢の象徴と呼べるのが，次章で検討する北部準州緊急対応（NTER）政策であった。同政権の末期に導入されたこの政策は，続く労働党政権でも若干変更されつつ，継承されたのである。

2. 庇護希望者政策——軍事化，民営化，コミュニティでの滞留

　オーストラリアにおける難民や人道的見地からの受入者に対する政策は，1970年代に大きな枠組みができ現在に至っている。したがってラッド＝ギラード政権期の政策の変化を理解するために，ここでは1970年代に遡ってその成立と変遷を説明したい。
　第二次世界大戦以前にも，母国での迫害を逃れてオーストラリアに移住した人々はもちろんいたが，その他の移住者と政策的に区別されることはなかった。オーストラリア連邦政府が移住者一般と区別するかたちで難民を受け入れ始めたのは，1947年である（DIAC 2012a: 17）。1954年には，難民条約に批准した。しかし1970年代まで，難民であってもオーストラリア国家の発展のための人的資源としての役割を期待されたという意味では，他の移住者と変わらなかった（竹田 1991: 56-57）。また1970年代初めまで継続していた白豪主義により，オーストラリア連邦政府が受け入れるのはヨーロッパ系（白人）難民に限られていた（DIAC 2012a: 17）。
　やがて1970年代前半のウィットラム労働党政権期に，ベトナムなど東南アジアから漂着する「ボート・ピープル」が増加した。しかし同政権は依然として，難民を人的資源と位置づけていた。その後のフレイザー保守政権期の1978年になってはじめて，連邦政府は移民受け入れと明確に区別して，人道上の理由に基づく包括的な難民受け入れ政策を開始した（Hugo 2011: xxii）[5]。こうして，現在まで続く難民や人道的見地からの受入プログラム（Refugee and Humanitarian Program）とそれ以外の移民受入プログラム（Migration Program）という，二本柱が確立されたのである（表1-1）。
　難民や人道的見地からの受入プログラムは，毎年決められた人数を受け入れることになっており，ボート・ピープルを無制限に認めるわけではない。むしろ，連邦政府はボート・ピープルの受け入れ数を抑制し，海外の難民キャンプから正規の手続きを経て（航空機で）オーストラリアに移住する難民

の割合を増やすことで，難民条約の求める国際的義務を果たす方針をとった（竹田 1991: 92-106）。その結果，「オフショア（オーストラリア国外での庇護申請）」と「オンショア（国内での庇護申請）」という区別が，制度のうえで重要になった（表 1-1）。前者が難民や人道的見地からの受入プログラムの基本とされ，後者はあくまでも例外だとされた。第 4 章で検討するラッド＝ギラード政権期の庇護希望者政策は，この原則を徹底的に推し進めた結果でもあった。

　オフショアで受け入れる場合，認定された難民としての移住と，人道的特別配慮プログラム（Special Humanitarian Program: SHP）による移住がある。オンショアの場合，他のビザで合法的に入国し滞在している人にはブリッジング（仮滞在）・ビザが交付され，地域社会に居住しながら審査結果を待つ。島大陸国家のオーストラリアでは，こうした人々は主に飛行機で入国することから「飛行機でやってきた（Plain Arrival）庇護希望者」とも呼ばれる（Bottrill 2012）。

　一方，オンショアでも非正規に入国し庇護申請した人々は，申請結果を待つあいだ非正規入国・滞在者抑留施設（detention facilities）に収容される。連邦政府は 1992 年以来，非正規のまま滞在するすべての人を原則として抑留施設に収容する方針（mandatory detention）を堅持してきた（USCR 2002: 5-6）。そのうち密航船で入国してから庇護申請を行う者は IMA（Irregular Maritime Arrival または Illegal Maritime Arrival）と呼ばれ，とくに問題視された。ラッド＝ギラード労働党政権期においては，ブリッジング・ビザ E（Bridging Visa E: BVE）という仮放免ビザを交付され，施設を出て地域社会に滞在する人が増加した。他の仮滞在ビザの保持者と BVE を付与された仮放免者では，制度上の扱われ方が異なっていた。第 4 章では，この仮放免ビザ所持者を含む，従来型の施設内にいる庇護希望者を地域社会に「解放」して申請結果が下りるまでのあいだ滞在させる「地域社会を活用した（community-based）」抑留政策が主な考察対象となる。

表 1-1　オーストラリアの移住者受入政策の概観（2015 年 6 月時点）

移民受入プログラム（Migration Program）	
技能移民　ポイント・テスト移住（GSM）	独立技能移住 州／準州・特別地域政府の招聘＊ Skilled Regional＊
スポンサー付き永住移住	雇用者の招聘 スポンサー付き地方移住制度（RSMS）＊，労働協定
ビジネスイノベーション／投資（BII）＊ 卓越した人材，重要な／プレミアムな投資者	
家族移民	配偶者 子ども 親 その他の家族

一時（長期）滞在
ワーキングホリデー等（セカンドワーキングホリデーを含む） 留学生 長期一時滞在技能ビザ（457 ビザ） ・労働協定（企業移住協定（ENA）／地方移住協定（RNA））含む 季節労働者プログラム その他

難民や人道的見地からの受入プログラム（Refugee and Humanitarian Program）	
オフショア（豪州国外）からの庇護申請 　難民 　人道的特別配慮プログラム（Special Humanitarian Program: SHP）	
オンショア（豪州国内）からの庇護申請 　正規入国の場合（Plain Arrival）	仮滞在ビザ
船による非正規渡航（IMA）の場合	原則強制抑留方針 国外抑留施設 一時保護ビザ（TPV） コミュニティ抑留 仮放免ビザ（BVE）

注 1：州限定・地方移住促進制度（SSRM）には，上記の＊印が付いた 4 つのビザを交付された者の一部ないし全部が含まれる。
注 2：各ビザ・制度の名称は変更されている場合がある。
注 3：本書で言及のない詳細な制度等については，省略した。
注 4：2015 年 7 月より，子どもは家族移民に含まれない独立したカテゴリーとなった。
出典：DIBP（2015）等をもとに筆者作成。

(1) 非正規入国の庇護希望者対策の軍事化

難民条約によって定義され，保護することを定められた難民や，それに準ずるものとして人道的見地から入国ビザを得た人々と，そのような法的な保障を得ていない庇護希望者とでは，入国したい国からまったく異なる扱いを受ける。序章でも触れたように，近年の先進諸国では排外主義的な世論の高まりもあり，庇護希望者を犯罪者・テロリストと同一視したり，かれらが非合法な手段で入国するのを軍事力の行使を含む厳しい手段で防ごうとする傾向（軍事化）が見られる。ハワード保守連合政権期の庇護希望者政策では，このような傾向が顕著に観察された。そのきっかけとなったのは「タンパ号事件」であった。

2001 年 8 月 26 日，ノルウェー船籍のコンテナ船タンパ号は，オーストラリア領クリスマス島付近の公海上を老朽木造船で漂流していた約 400 名を救助し，クリスマス島に向かった。その多くはアフガニスタン人の庇護希望者だった。しかし，オーストラリア連邦政府は軍隊を出動させてタンパ号の行く手を阻み，かれらの上陸を拒否した。この事件をひとつの契機に，連邦政府は船で入国を試みる庇護希望者（IMA）に関する法制度を急いで厳格化した。翌月には法改正をし，大勢の IMA が漂着するチモール海の離島部，クリスマス島，ココス諸島などを移住ゾーン（migration zone）からの除外地域（excised offshore places）に指定した。移住ゾーンとは，オーストラリア市民でない者が合法的に入国・滞在するためにビザを保持していなければならない地域である（DIMA 2006）。移住ゾーンからの除外地域に上陸した場合，庇護希望者は移民大臣の許可がない限り連邦政府にビザを申請できず，後述する国外抑留施設に送られる。なお 2005 年度からは，除外地域はクイーンズランド州，北部準州，西オーストラリア州のすべての島嶼部と珊瑚海諸島地域まで拡大された（DIMA 2006）。そして第 4 章で述べるように，ギラード労働党政権期には除外地域の範囲がオーストラリア全土に拡大されることになった。

さらにハワード政権は，船で非正規入国した庇護希望者を近隣の太平洋島

図1-1 難民や人道的見地からの受入者数の推移

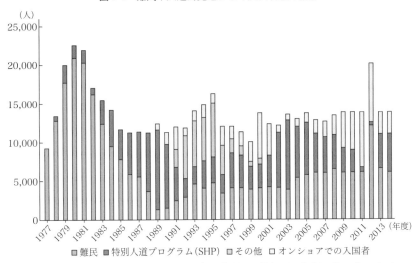

■難民　■特別人道プログラム（SHP）　■その他　□オンショアでの入国者

出典：Department of Immigration and Border Protection（DIBP）, Historical Migration Statistics（https://www.border.gov.au/about/reports-publications/research-statistics/statistics/live-in-australia/historical-migration-statistics, last accessed on March 28, 2017）より筆者作成。

嶼国のナウルやパプア・ニューギニア（マヌス地域）につくられた国外抑留施設に移送する措置を取った。オーストラリアへの入国を許さないこうした措置は，庇護希望者対策のゆき過ぎた厳格化であると批判され，「パシフィック・ソリューション」と呼ばれた。国外抑留施設に移送された庇護希望者は，難民認定のための審査を受けることになった。この措置が始まってから2005年5月までに，ナウルとマヌスの両施設に1547名の庇護希望者が入所した。その多くはアフガニスタンやイラク出身であった。

政府は庇護希望者を本物の難民ではなく，潜在的犯罪者，正規の手続きを踏まずにビザを得ようとする「横入り（queue jumper）」の人たちであるかのように世間に印象づけ，パシフィック・ソリューションを正当化した。だが，実際に国外抑留施設に入所させられた人の半数以上は，のちにオーストラリア政府によって正当な難民と認められた。先述の1547名の入所者のうち，自発的に退去した者は482名，難民と認定されたのは958名であった。つま

り，本物の難民とは認められずに強制退去処分になったのは，わずか107人だったことになる（Devetak 2004: 104-107）。

　2001年10月には，連邦政府の強硬姿勢を象徴するふたつの事件が起こった。ひとつは，「子ども投げ捨て（children overboard）」疑惑である。オーストラリア近海を漂流していた密航船に乗っていた，主としてイラクからやってきた多数の庇護希望者たちがオーストラリア軍の艦船に発見された。かれらは一緒に乗っていたわが子たちを海に投げ込み，オーストラリア軍が自分たちを放置したり，船ごと国外へ曳航せずに，救助せざるを得ないように仕向けた，という情報を連邦政府はマスメディアに流した。密航者たちの非人間性や犯罪者性を強調した報道は世論の反感を煽り，その直後の11月に行われた連邦総選挙でハワード政権に有利に働いたといわれる。しかし選挙後になって，かれらが子どもを海に投げ込んだ事実はなかったことが判明し，ハワードが誤報を承知で選挙に利用したのではないかと問題になった（Weller 2002）。

　もうひとつは，「SIEV X」疑惑である。子ども投げ捨て疑惑の直後，インドネシアからオーストラリアに向かっていた別の密航船が途中で沈没し，救助の遅れもあって353名が死亡する事件が起きた。犠牲者の多くは，イラクから来た女性や子どもであった。政府当局は，のちに「SIEV X」（SIEVとはオーストラリア軍や沿岸警備隊が使用していた用語で，Suspected Illegal Entry Vessel, すなわち非正規入国が疑われる船舶のこと）と呼ばれたこの船の存在を把握していたにもかかわらず，オーストラリアへの非正規入国を望む庇護希望者やそれを手引きする「密航屋（people smugglers）」と呼ばれるブローカーたちへの見せしめとして，見殺しにしたのではないか，という疑惑がジャーナリストから提起された（Kevin 2004; 飯笹 2007）。

(2)　抑留施設の民営化と人権侵害

　船で非正規入国する庇護希望者への連邦政府の扱いがこのように厳格化する前から，国内の抑留施設にはすでに入国した多くの庇護希望者が収容され

ていた。2000年代初頭にかけて，そうした施設の劣悪な待遇や人権侵害が表面化し，NGOや国際人権機関から強く非難された。その象徴となったのが，南オーストラリア州ウーメラに1999年に設置された庇護希望者抑留施設であった。この施設は砂漠の中の過酷な環境にあり，職員による暴力や虐待もあったと言われる（塩原2016a）。

この施設の運営は連邦政府から民間業者に委託され，1998-2003年に運営主体だったオーストラレイジア矯正施設管理社（Australasian Correctional Management: ACM）[6]が，入所者の尊厳を踏みにじる応対をしているという証言が多く寄せられた（Mares 2002）。また，難民審査には時間がかかり，長期間（5年以上）に及ぶ場合もあった（塩原2008a: 156）。とりわけ，長期入所者の子どもの教育の機会が奪われていると非難された（HREOC 2004）（写真2）。長期間の収容は入所者のこころの健康にも悪影響を及ぼし，各地の施設では自殺や自殺未遂が頻発したほか，ハンガー・ストライキや暴動騒ぎも断続的に起こった（Coghlan 2005）。たとえば2002年末から2003年初めにかけて全国の施設で放火や暴動が発生し，数百万豪ドルの損失が生じる事態となった（写真1）。こうした入所者の抗議行動を支持する動きが，一部には広まった。しかし，それは世論の大勢を占めるには至らず，連邦政府は強硬な姿勢を崩さなかった。

長期間にわたり施設に拘留された人々だけではなく，難民申請が却下され国外退去となった人々の多くも，厳しい状況に直面した（塩原2008a: 156）。ある人権団体が追跡調査を実施したところ，数多くの問題が明らかになった。送還手続きの際，母国や第三国へと出国することに同意しなければ身に危険が及ぶと連邦政府やACMの職員に脅された人，もう母国は安全だからと説得されて帰国したが，母国の空港に到着したとたん逮捕・収監された人，故郷に戻って危険や差別に直面した人など，さまざまな証言が集まった。さらには，当局が母国や第三国へと出国する人々のために用意した，出国先での身分を保障する証明書などに不備があったケース（期限切れであったり，実は短期間の滞在しか認められておらず，すぐに次の国への出国を迫られる，渡され

写真1　暴動騒ぎで破壊されたウーメラ抑留施設の様子（2003年1月8日撮影）。Damian McDonald, National Library of Australia, nla.obj-147470906

た書類そのものが捏造であった，など）まで報告された。オーストラリアから退去させられる人々の多くは，他に身分を証明する書類を持っておらず，その結果，出国後困難な状況に追い込まれることもあった（ERC 2004, 2006）。

(3) 抑留政策の緩和と代替的抑留

　この時期の入国管理政策で「パシフィック・ソリューション」と並んで重要なのが，一時保護ビザ（Temporary Protection Visa: TPV）の運用の厳格化であった。このビザは1999年に導入され，非正規に入国した人は庇護申請が認められても（つまり，正式な難民として認められても），最長3年間の一時保護しか与えられなくなった。さらに2001年9月以降は，一時保護ビザから永住ビザに切り替えるのが事実上不可能になった。オーストラリアに滞在し続けるにはビザを更新しなければならず，難民たちを精神的・経済的に不安定な状態に放置することになった（Mansouri 2006）。また一時出国や，後から家

写真 2　南オーストラリア州バクスター抑留施設内にあった，拘留された庇護希望者の子どものための遊具（2002年7月）。Damian McDonald, National Library of Australia, nla.obj-147282325

族を呼び寄せることも認められなかった（塩原 2008a: 155; RCOA 2007: 5）。これは正規の経路（オフショア）での難民申請が認められ，最初から永住ビザを交付されて入国した人とは著しく異なる処遇であった。

　船で非正規入国する庇護希望者（IMA）に対するハワード政権のこうした強硬姿勢は国内外から厳しく批判され，ウーメラの抑留施設は暴動騒ぎで荒廃した後に閉鎖された（モーリス－スズキ 2004: 116-119）。しかし，オーストラリアに船でやってくる庇護希望者が 2002 年以降激減したこともあって，ハワード政権末期には厳格な措置はある程度緩和された。とりわけ庇護希望者の子どもを長期間拘留することが厳しく批判されたため，連邦政府は子どもやその母親については，外出が許されない刑務所のような従来型の施設ではなく，地域社会への往来や滞在を認めて子どもを学校に通わせることができる方式（代替的抑留と呼ばれる）に変更した（第4章参照）。一時保護ビザを保持する人は，移民大臣の判断で永住ビザが得られるようになった。抑留

施設の環境改善や職員教育も，連邦政府の指示で進められた。

　ハワード政権に代わって2007年に成立した労働党政権でも，施設運営の改善や透明化はしばらく続いた[7]。しかし，船で非正規入国する庇護希望者が再び急増し，庇護希望者を大量に拘留しなければならなくなった。労働党政権は代替的抑留方式を推進することで，排外主義的な世論と難民支援団体や人権団体が要求する人道的な処遇を両立させようとした。しかし第4章で論じるように，この「地域社会を活用した」施策は，やがて異なる意味を持つことになった。

3. 技能移民の受け入れと移住者への定住支援──加速する経済優先

（1）　移住者受入政策の変容

　一般に，移住者への政策は受入政策（出入国管理政策）と定住・生活支援（社会総合政策）に大別できる。

　難民や人道的見地から受け入れたのではない移住者は，移民受入プログラムによって毎年上限の人数が設定され，審査を経てビザが交付される（表1-1）。移民受入プログラムには，「技能移民（skilled migrants）」と「家族移民（family migrants）」のふたつのカテゴリーがある。さらに技能移民は，本人あるいは世帯主の技能・資質・経歴がオーストラリアにどれだけ貢献するかを測る「ポイント・テスト」に合格するか（ポイント・テスト移住），国内の企業等が就職先を保障する移民（スポンサー付き永住移住）に分かれる。

　移住者受入政策には，人道上の見地から移住者の権利を保護する側面と，受入国に利益（とくに経済的利益）をもたらす人々を優先する側面がある（塩原 2016b）。1990年代半ば以降，オーストラリアの移住者受け入れは，経済的利益をより重視する傾向が強まった。難民を庇護する国際的責務と人道的見地から実施されてきた受入プログラムの入国者数自体は大きく変わらないが，どの程度コストがかかるのか，将来的に社会に利益をもたらすのかが論争された。2011年に連邦移民省が公表した調査報告書は，難民や人道的見

地からの受入者は入国直後の失業率が高く，低賃金労働に従事する傾向があるが，居住年数が長い人や第2世代以降の失業率は改善し，人的資本を高めてより条件の良い仕事に移ったり，起業を試みる人が比較的多いことを指摘した。そして難民や人道的見地からの受入者は労働力不足を補い，オーストラリア経済に貢献するが，一度貧困に陥ってしまうとそこから抜け出せず，次の世代に連鎖してしまう場合もあるため，さらなる公的支援が不可欠であると結論づけた（Hugo 2011）。一方，難民や人道的見地からの受け入れに懐疑的な人は，そのコストが経済的な利益に見合わないと主張した。難民・人道的見地から入国を認められた人々は，困難から逃げてきたなどと嘘をついてビザを取得し，オーストラリアで金を稼ごうとする「経済移民」にすぎないと排外主義的に唱える政治家もいた。

　家族移民も経済的利益を優先する傾向に影響された。移住した人が家族を呼び寄せて一緒に暮らすことは，広く認められた人権である。それゆえオーストラリア政府も，家族移民にはポイント・テストを設けてこなかった。しかし家族移民は受け入れにかかるコストが大きいとされたため，移民数全体に占める割合は1990年代後半のハワード政権期に大きく低下し，以降は3割程度で推移している（塩原 2005: 165; DIAC 2013a: 24; DIBP 2015: 6. 図1-2）。入国を許可される家族や親族の範囲も狭められた。親や親族の呼び寄せも難しくなり，近年は家族移民の大半を配偶者が占めている（2012年度で77％。DIBP 2014d: 33）。

　一方，技能移民については，1990年代後半から経済的国益をさらに重視した制度改革が進められた。第6章でその変遷を分析する。従来はポイント・テスト移住が中心だったが，国内労働市場の需要により迅速・柔軟に対応できるスポンサー付き永住移住を拡大した。2007-13年のラッド＝ギラード労働党政権は，そうした改革が加速した時期でもあった。そして，このような移民受入プログラムの改革には，技能移民がオーストラリアのどの場所に住み，働くのかを政府が統制する仕組みが組み込まれた。

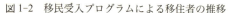

図1-2 移民受入プログラムによる移住者の推移

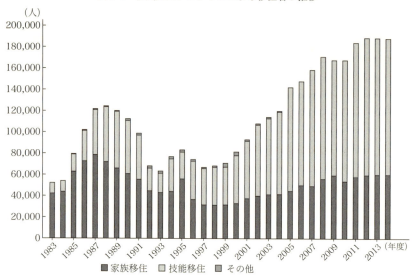

出典：Department of Immigration and Border Protection (DIBP), Historical Migration Statistics (https://www.border.gov.au/about/reports-publications/research-statistics/statistics/live-in-australia/historical-migration-statistics, last accessed on March 28, 2017) より筆者作成。

(2) 社会統合政策としての多文化主義

　ここまで述べてきた，どのような移住者をどの程度受け入れるかという出入国管理政策に対して，入国した移住者をどのように社会に受け入れるかを決めるのが社会統合政策である。よく知られているように，オーストラリアの社会統合の基本理念は，多文化主義である。連邦政府のいう多文化主義とは，広義には先住民族を含めエスニック・マイノリティとの共生を目指すことだが，狭義には移住者の支援政策を指す。それには，①移住者の初期定住支援（成人・子どもへの英語教育を含む），②移住者のエスニック・コミュニティに対する支援，③差別の防止や文化的多様性への理解を促す文化・メディア政策などが含まれる。ただし文脈によっては，②③だけを多文化主義政策と呼ぶこともある。

　多文化主義は1970年代半ばに，ウィットラム労働党政権によって導入さ

れた。その背景には，とりわけ国際政治・経済面において「アジア太平洋国家化」「ミドルパワー国家化」を推進し，国益を追求するために，白豪主義の悪評を払拭したい，という戦略的要請が大きかった（関根 1989; 竹田 1991）。しかし一方で，移民の権利を保障し社会的不公正の是正を目指す国内の運動の影響も確かにあった。ジョック・コリンズは，1960 年代に移住者や先住民族が同化政策に反対の声をあげたことが多文化主義政策の成立に大きな影響を与え，1970 年代に入ると専門的職業に従事する若い移住者たちによる政治的な働きかけが起こったという（Collins 1991: 230-232）。マーク・ロペスはこうした運動の背景にあった思想を「エスニック権利多文化主義（ethnic rights multiculturalism）」と名づけた。それはオーストラリア多文化主義の思想的源流のひとつであり，エスニック集団を資本主義的分業や人種主義に由来する構造的不平等を被る労働者階級とみなした。そして，ソーシャルワークやコミュニティ開発の実践を通じた階級闘争による権利獲得を目指すものであった（Lopez 2000: 447-448）。

　移住者や支援者のこうした運動や主張は，オーストラリア連邦政府の多文化主義政策にある程度の影響を与えた。そして，移住者が求める民族・文化的差異の承認は，交渉や妥協をともないながらも社会統合政策に組み込まれていった（塩原 2012: 21-22）。それゆえ，オーストラリアの公定多文化主義は，自由民主主義の制度的枠組みの中で移住者の文化的多様性を承認する「リベラルな多文化主義（liberal multiculturalism）」の特徴を備えている（Levey 2013）。ロペスによれば，1970 年代初期の段階ですでに連邦政府の多文化主義は「文化多元主義（cultural pluralism）」，すなわち移住者のエスニック文化とその多様性を承認するだけでなく，オーストラリア社会の中核的制度・価値の堅持を求めていた（Lopez 2000: 447-448）。その後も連邦政府は，移住者の集団的権利の保障に自由民主主義との両立という点から否定的であり，あくまで個人としての文化的多様性の尊重と社会的平等の保障が原則となった（Levey 2008）。それは多文化主義を「調和的で寛容で団結した国民社会を創出」する最善の方法と位置づけ，議会制民主主義，法の支配，言論の自由といった

「オーストラリア的価値観」の枠内で多様性を承認しようする価値規範であった（Carter 2006: 333-334; 塩原 2011）。

この公定多文化主義のリベラルな定義は，ホーク労働党政権が1989年に発表した『多文化オーストラリアのためのナショナル・アジェンダ』で確立した（塩原 2005）。そこでも，移住者が文化的差異を維持する権利と，オーストラリア社会全体の利益のバランスが留意され，後者のために前者はある程度制限されうるという原則が再確認された。

(3) 福祉多文化主義とその後退

ただし1980年代までは，福祉国家的な社会政策によって移住者の公正な社会・経済的参加を保障することにも力点が置かれた。ウィットラム労働党政権に続くフレイザー保守連合政権が1978年に発表した，いわゆる『ガルバリー・レポート』を契機に，多文化主義は「自助（self-help）」を前提とした移住者の定住・統合を支援する社会政策として整備されていった（塩原 2005: 47-51）。労働党がふたたび政権を担当した1980年代には，ロペスのいう「福祉多文化主義（welfare multiculturalism）」，すなわち移住者が直面する貧困問題などを解消するため，社会福祉制度を文化・民族的多様性に対応させる方針が公定言説において影響力を強めた（Lopez 2000: 447）。その結果，非英語系住民向けの社会福祉・定住支援施策は福祉国家的政策の一環として発展することになった。

ホーク労働党政権が1986年に発表した『ジャップ・レポート』では，社会政策全般に多文化主義的要素を制度化させていく「主流化（mainstreaming）」という方針が打ち出され，あらゆる政策分野で多文化主義的な措置がとられるようになった。さらに文化やエスニシティによる社会的不公正の是正を目指す「アクセスと公平（Access and Equity）」という理念が採用され，その後の公定多文化主義の鍵概念となった（塩原 2005: 61-64; ハージ 2008: 172）。1990年代になると，公定多文化主義は，先住民族も含めた社会政策の理念とされた（塩原 2005）。

主流化，アクセスと公平という取り組みを担ったのは，移住支援センター（Migrant Resource Centre: MRC）などの政府系法人や，政府から委託を受けた非営利団体であった。そうした組織で働くコミュニティワーカーは，移住者のネットワーキングを促し，かれらの要望を行政に伝える役割も果たした（塩原 2010: 49-81）。こうして社会・経済・人口・労働・教育・保健・メディアなどあらゆる分野の行政サービスは，文化的多様性に対処するようになった。ソーシャルワーク，児童福祉，家族政策，生活保護，公教育，職業訓練など，広い意味での社会政策が多文化主義の領域になった。それにともない所管する行政機関も多様化し，その主体は連邦政府から州政府へと移行した。連邦政府では現在，「多文化主義」の名を冠した政策はソーシャル・サービス省など一部の部局でしか行われていない。しかし多文化主義的な移住者支援の裾野は広く，地域社会でさまざまな事業主体が多様に取り組んでいる。

　福祉多文化主義も，エスニック・マイノリティの文化的差異の承認と平等の保障よりも国益追求を優先することに変わりはない。しかし，後者が前者を過度に抑圧しないように，普遍的な正義や公正の保障を重視したのも確かである。この微妙なバランスが崩れ，経済的国益を優先する政府の姿勢があからさまになったのが1990年代であった。新自由主義者でもあったジョン・ハワードが1996年に首相になると，福祉多文化主義の理念と政策は後退していった。文化的保守主義者としても知られたハワード首相は当初，「Mワード（multiculturalism, multicultural）」を公の場で口にすることを拒み，その後も多文化主義に消極的な姿勢を貫いた。2000年代には反テロリズムの潮流やイスラム脅威論，中東などから東南アジアを経由して漂着する庇護希望者を不安視する風潮ともあいまって，多文化主義の社会的影響力は低下していった（Soutphommasane 2009: 18-19; Ford 2009）。

　ただし，社会統合の理念としてリベラルな多文化主義が放棄されることはなかった。2000年の『多文化オーストラリアのための新アジェンダ』などの政策文書では，文化的多様性がすべてのオーストラリア人を結びつける力であることが「包摂（inclusiveness）」という言葉で示された。そして，民主主

義やナショナリズムと結合したオーストラリア独自の多文化主義を表す「オーストラリアン・マルチカルチュラリズム」という理念が掲げられた（塩原 2005: 136-138）。これらの理念はオーストラリアのナショナル・アイデンティティを多文化的であるとし，移民個人としての文化的多様性を尊重する一方で，すべてのオーストラリア人にナショナル・アイデンティティを共有するよう求めた。したがって，それはナショナル・アイデンティティの共有を自由民主主義の前提条件として強調するリベラル・ナショナリズムの考え方と親和性がある（キムリッカ 2005: 367-390）。2010年に発足したギラード労働党政権では，ハワード政権下で冷遇されてきた多文化主義の重要性が再確認され，オーストラリアは多文化主義国家であると再び宣言された（塩原 2011）。その際に強調されたのも，こうしたリベラル・ナショナリズムとしての多文化主義であった。

一方1980年代末から，移住者の公正な経済社会的参加よりもオーストラリアの国益を重視する姿勢が多文化主義の理念や政策のなかで強調され始めた。これを関根政美は，「福祉主義的多文化主義」から「経済主義的多文化主義」への転換と形容した（関根 2010）。関根のいう経済主義的多文化主義とは，国家が文化的な違いに拘らずに優秀な人材を集めて活用しつつ，多様な人材がもたらす創造性によって経済活動を活発化させ，グローバルな競争に勝利することを目指す言説と政策である。この傾向は，1988年に公表された『フィッツジェラルド・レポート』以後に強まった（塩原 2005: 64-72）。1990年代初頭になると，移民の文化的多様性を国家の経済活力に結びつける「生産的多様性（productive diversity）」という概念が用いられはじめた。1990年代末から2000年代初頭に，この言葉は連邦政府の多文化主義の中核をなす理念となった（塩原 2005: 128-139）。

経済的国益を重視する多文化主義は，望ましい人材を選別して受け入れ，そうではない人々をコストを抑えるために極力受け入れない移住者受入政策と親和的である。こうしてオーストラリアの多文化主義は，経済社会的に不利な立場にある移住者に焦点を当てて社会に包摂しようとする理念から，移

住者の選別や排除を許す論理へ変質していった。2000年代になると，支援の現場を担う事業委託団体にかかるコストカットの圧力が顕著になった（Roumeliotis and Paschalidis-Chilas 2013）。2005年に定住支援助成制度（Settlement Grants Program: SGP）が導入されると移住支援センターの事業が見直され，支援団体間の競争が促された。2007-13年の労働党政権でも，こうした傾向は変化しなかった。むしろ移住者支援を担う団体や当事者団体の財政的基盤は一層不安定となり，政府に対する批判や異議申し立てをする力も弱まった（塩原 2010: 71-173, 49-81）。

こうして，福祉多文化主義理念の影響力は低下していった。それに代わる経済主義的な多文化主義の台頭は，オーストラリアで新自由主義のイデオロギーが影響力を拡大するのと軌を一にして起こった（Pusey 1991）。それゆえ本書では，新自由主義のイデオロギーに親和的な多文化主義という意味で，これを「ネオリベラル多文化主義」と呼ぶことにしたい（第5章参照）。第6・7章では，このネオリベラル多文化主義のもとで実施されるコミュニティ重視の移住者支援施策と，その対象となる移住者との関わりを考察する。

注

1) 同宣言の第3条は，先住民族は right to self-determination に基づき「自らの政治的地位を自由に決定し，ならびにその経済的，社会的および文化的発展を自由に追求する」ことができると定めている。第4条は，「先住民族は，その right to self-determination の行使において，このような自治機能の財源を確保するための方法と手段を含めて，自らの内部的および地方的問題に関連する事柄における自律（autonomy）あるいは自治（self-government）に対する権利を有する」とされる。
2) なお2007年に刊行された飯笹佐代子の著書でも「自己決定政策」という訳語が用いられている（飯笹 2007: 97）。
3) Australian Bureau of Statistics, *Aboriginal and Torres Strait Islander Peoples Profile*（Australia）.
4) たとえば以下を参照。Sharp, Ari and Tom Arup, "UN says Aboriginal Health Conditions Worse than Third World," *Sydney Morning Herald*, December 5, 2009.
5) "Australia's refugee policy"（factsheet 81, Australian Prime Ministers Centre, Museum of Australian Democracy）http://moadoph.gov.au/prime-ministers/factsheets/ （2015年9月18日アクセス）。

6) なお，2003年からはACM社の親会社であり，国際的な警備会社であるワッケンハット（Wackenhat）社を2002年に買収したグループ4（Group 4 Flack Global Solution）の現地法人が契約を引き継いだ。
7) 筆者は2013年3月に，シドニー近郊のヴィラウッド（Villawood）非正規入国・滞在者抑留施設の内部を一部見学したが，少なくとも一般に公開されている部分については，居住環境はかなり快適といえる状況だった。また後述するIMAの急増に対応して，新たな居住施設の建設が急ピッチで進められていた。

第 2 章

コミュニティを通じた統治の展開
北部準州緊急対応と収入管理制度

1. 自己決定から自己責任へ

　前章で述べたように，1970年代に確立したオーストラリア連邦政府の先住民族政策は，植民地化の負の遺産である不公正な社会構造を是正するために，先住民族の自己決定と土地権・先住権を保障することを基本方針としていた。しかし1996年に発足したジョン・ハワード保守連合政権は，「実用的」の名のもとに，先住民族の権利をめぐり反動的な政策を進めた。その根拠は，先住民族の権利を重視した政策が非効率的であり，成果が出ていない，というものだった。

　ところで政府だけではなく先住民族の指導者のなかにも権利を重視する自己決定政策に不満をもち，より「実用的な」改革を主張する人々がいた。そのなかでも著名なのが，クイーンズランド州ケープ・ヨーク地域を拠点とする先住民族指導者であり，メディア等を通じて先住民族政策への批判や提言を続けてきたノエル・ピアソンであった。ピアソンは2000年代前半の論考で，過去30年間の政策で遠隔地の先住民族共同体では生活の質はむしろ低下しており，速やかに改善するには先住民族の受け身な福祉依存の態度を改めなければならないとした（Pearson 2003: 2-3）。そして，土地権・先住権原

を重視する自己決定概念に代わり，個人の自己責任を強調する「責任を取る権利（right to take responsibility）」を提唱した。彼によれば，自己決定とは何よりも先住民族ひとりひとりが福祉への依存から脱却し，生活や将来を自ら決めることであるべきなのである。しかし従来の自己決定政策が重視してきた，伝統文化や集団的アイデンティティを維持するための福祉施策を続ければ，人々は依存し自立を妨げてしまう。それゆえ，先住民族は人種差別と闘い伝統文化や集団的アイデンティティを守るだけではなく，各個人もスキルやキャリアを磨く努力をしなければない。こうしてピアソンは，前章で述べたCDEPのような職業訓練を兼ねた「見せかけの」雇用ではなく，自立した個人が賃金労働で支える「本当の経済（real economy）」のなかで先住民族は生きるべきで，そのために技能訓練や，賢明な家計のやりくりや人生設計のための訓練，起業の研修などを受けるべきだと述べた（Pearson 2003: 8）。

またピアソンは，先住民族の若者が貧困から抜け出すには主流社会で競争に勝ち残るだけの能力が必要で，それを育むには家庭から暴力を追放しなければならないという固い信念をもっていた（CYIPL 2007: 9）。それゆえ先住民族社会に蔓延している薬物や暴力に手を染めた者には，社会の歪みの犠牲者などと甘やかすのではなく，厳然と（ゼロ・トレランスで）臨むべきだとした（Pearson 2003: 5-7）。

ピアソンは持論を行動に移すため，拠点とするケープ・ヨーク地方でコミュニティ開発の社会実験を開始した。クイーンズランド州政府と協働して1999年に始まった「ケープ・ヨーク・パートナーシップ（Cape York Partnership）」プログラムには，2002年から連邦政府も助成した。2003年にはピアソンを所長として，ケープ・ヨーク政策リーダーシップ研究所（Cape York Institute for Policy and Leadership: CYI）が設立された。

ピアソンは，ハワード政権の先住民族政策に必ずしも全面的に賛同していたわけではない。しかしその自己責任を重視する思想とケープ・ヨークでの実践は，ハワード政権が2007年に北部準州で開始した政策に影響を与えた（Sanders 2010: 307-331）[1)]。それが本章の主題となる，北部準州緊急対応

(Northern Territory Emergency Response) 政策であった。個人の自己責任を重視し，福祉への依存に厳しい両者の方針には，実際，共通点が多かった (CYIPL 2007: 7-15)。

2. 緊急対応と「特別措置」

カナダのジャーナリストであるナオミ・クラインは，「惨事 (disaster)」に見舞われた人々や統治機構が抵抗力を失っている隙に，新自由主義を推進するエリートや企業にとって都合の良い規制緩和や民営化などが断行されることを「惨事便乗型資本主義」と呼んだ。惨事が起こると，もともと経済・社会的に不利な貧困層やマイノリティに被害が集中しやすいが，こうした改革では，自己責任の名のもとに支援が削られたり，復興の名目でスラムが一掃されて再開発されることも多い（クライン 2011）。それは一刻も早く非常事態を脱却すると同時に，災厄を経済発展への好機として生かそうという発想が働くためである。そのため，平常時ならば許されない有権者や当事者の意思や権利を軽視した措置もやむを得ないと黙認されてしまう（塩原 2008a）。言い換えれば，政府がいったん緊急事態を宣言すれば，本当に緊急がどうかにかかわらず，政府が望む施策が非民主的に実施される危険がある。ただし緊急事態という名目上，そうした例外的措置は時間的・空間的に限定されるのが建前である。

北部準州緊急対応政策は，クラインのいう惨事便乗型資本主義の特徴によく当てはまる。それは文字どおり「緊急事態への対応」として，ハワード政権によって開始された。きっかけは 2006 年，北部準州の先住民族共同体で児童の性的虐待が常態化しているという，大きな波紋を呼んだテレビ報道であった（Maddison 2009: 13）。準州の労働党政権が開始した実態調査の結果は，2007 年 4 月に公表された。『子どもは天からの授かりもの（Little Children are Sacred）』と題した報告書は，児童の性的虐待があったと認定し，行政に早急な対応を求めた（BIPACSA 2007: 57-73）。これは北部準州政府への提言であり，

準州は正式な州ではないがそれに準ずる自治が認められているのにもかかわらず、ハワード連邦政権はこの報告書を根拠に、準州政府には先住民族の直面する問題を改善する能力がないため、児童が虐待の犠牲になっていると非難した。そして同年6月、貧困や暴力といった問題が山積する遠隔地の先住民族共同体の、とくに子どもや女性の人権が脅かされているので、連邦政府が準州政府を通さず直接介入すると発表した（SCLCA 2007: 1-2）。非常事態であると強調するハワード政権の意図は、陸軍少将を作戦指揮官とする「北部準州緊急対応特別部隊（Northern Territory Emergency Response Taskforce）」の設立にも表れていた（NTERT 2008)[2]。そして、11月の連邦議会選挙を控えた8月には関連法案が連邦議会で可決され、北部準州緊急対応政策が本格的に開始された。

　こうして北部準州緊急対応政策は、先住民族の女性と子どもを守る名目で施行された。だがこうした名目とは無関係なはずのCDEPも、この政策に便乗して廃止が発表された（Hinkson 2007: 1-12）。さらに、対象となる北部準州の先住民族共同体では、アルコールの売買・所持・消費が大幅に制限され、ポルノの所持が禁止された。また児童福祉に適切に予算を使うための制度改革、全児童の健康診断の実施、犯罪を減らすための治安対策の強化、地域の住環境の改善などが計画された。北部準州の奥地の先住民族共同体では多くの成人が失業状態にあるが、福祉給付の要件として地域社会で奉仕活動を義務づける「失業手当のための労働（work for the dole）」制度も適用された（Maddison 2009: 13-14）。

　なかでも重要な変化のひとつに、共有地、道路、交通機関、滑走路への「入域許可制度（permit system）」の廃止が提案されたことがある。これは1976年アボリジナル土地権法（北部準州）に基づく制度で、先住民族の伝統的土地所有者は自分たちの土地・居留地に外部の者が許可なく立ち入るのを拒否でき、先住民族の土地権を保障する象徴的な仕組みであった。それだけではなく、連邦政府は先住民族の土地の一部を指定し、5年間保障金は支払うものの、住民の合意なく強制的に借り上げてインフラ整備などを行えるよ

うにした。

　この政策の変更がどのような意味を持ったのかについては次章で詳しく分析するが，先述した CDEP の廃止も含め，いずれも先住民族の自己決定政策の根幹に関わる変更であるのに，連邦政府の介入のきっかけとなった『子どもは天からの授かりもの』報告書では触れられていなかった。同報告書は行政に対し，まず当事者である先住民族の意見を十分に聴かなければならないと提言したが，連邦政府は無視した。これらの制度改革は非常事態だからと正当化され，導入されたのである（BIPACSA 2007: 21）[3]。さらに連邦政府は北部準州緊急対応政策を，1975 年人種差別禁止法の適応から除外した。この法律は，人種やエスニシティにかかわらず人民を法の下で平等に扱うよう求めているが，同政策は先住民族に不利益ではなくむしろ利益をもたらす「特別措置（special measure）」にあたるからというのが，その理由であった（Commonwealth of Australia 2009a: 7-8）。

3. パターナリズムと収入管理制度

　北部準州緊急対応政策に反対を表明した知識人や先住民族指導者は少なくなかった。児童虐待の防止を口実に，先住民族の自己決定政策を廃止し，土地の開発を進めるのではないかと懸念する人々も多かった（Turner and Watson 2007: 205-212；飯嶋 2010: 50）。また人権団体や先住民族支援団体，緑の党，国連の先住民問題特別報告者なども，こぞって批判の声をあげた（ACOSS 2008; Altman and Hinkson eds. 2007; SCLCA 2007; Amnesty International Australia 2009）。そもそも『子どもは天からの授かりもの』報告書も認めているように，一部の先住民族共同体で子どもや女性に対する暴力が日常化していることは以前から知られており，2006 年になって急に深刻化したわけではなかった。性的虐待の背景にある，貧困や劣悪な居住環境，失業や教育格差などの社会構造の改善に長期的視野で取り組む必要性も，以前から指摘されていた（Commonwealth of Australia 2009a: 5-18）。こうした問題を解決するには，性急に結果

を求めて先住民族の生活を強制的に変える高圧的な政策ではなく，時間をかけて先住民族共同体が自律できるように力づけていくことが必要だと，多くの支援者や先住民族指導者は主張してきた（BIPACSA 2007: 12-18; ACOSS 2008: 40; Maddison 2009: 41-43）。拙速かつ強権的に北部準州緊急対応政策を進めたハワード政権は，2007年11月の連邦総選挙を控えて人気回復を狙ったと非難された（飯嶋 2010: 52）。

にもかかわらず，北部準州緊急対応政策が世論の一定の支持を集めたことも確かである。その背景には，従来の先住民族政策は成果を挙げていないという，メディアを通じてマジョリティ国民に広がったイメージが影響していた（前章参照）。とりわけ遠隔地の共同体は貧困や犯罪にまみれ，道徳的に崩壊寸前だと誇張される傾向があった（Sanders 2010: 310）。自己決定権を与えても，先住民族の指導者たちにはこうした問題に対処する能力がないという非難もあった（Rowse 2007: 54-60）。先住民族の集団的権利を重視するあまり経済的自立が遅れ，弱い立場の子どもや女性の人権が侵害されたという主張もあった（Pounder 2008: 2-21; Vivian 2010: 13-17）[4]。また北部準州の先住民族団体のなかにも，自己決定政策の後退に戸惑いつつも，遠隔地の共同体を救済する緊急予算は歓迎する声が少なくなかった（CLC 2008）。こうして，自己決定や権利の保障が優先されるべきという主張は説得力を失っていった（Pounder 2008: 4-5）。

このように北部準州緊急対応政策は自己責任という新自由主義的な規範に基づき，福祉国家的な社会政策が制度化した共同体を積極的に手段として活用して住民を規律化する，序章で提起した「コミュニティを通じた統治」の典型といえる。政府はそれにともない，自己決定重視の原則を後退させた。マイノリティにとって望ましい生活のあり方を，マジョリティが決めてあげるというパターナリズムが，その根底にあった。この，コミュニティを通じたパターナリスティックな統治という，北部準州緊急対応政策の特色が端的に表れていたのが，収入管理制度（income management）の導入と展開であった。

オーストラリアでは，生活保護費（income support）や家族支援手当（family

assistance payment) などは，センターリンク (Centrelink) と呼ばれる，各地に設置された事務所[5]をつうじて受給者に支払われる。北部準州緊急対応政策で，遠隔地の73の先住民族共同体に導入された収入管理制度は，そうした福祉給付を現金や銀行振込で全額行うのではなく，そのうち一定額をデビッドカードにセンターリンクから振り込む仕組みである。受給者がもたされるデビッドカードはベーシックスカード (BasicsCard) と呼ばれ，生活保護費や家族支援手当の半額，出産手当 (baby bonus) の全額などが振り込まれた。現金と異なり，ベーシックスカードは指定された店舗でしか使用できない。日用品や生活必需品に使途は限定され，アルコールやタバコ，ポルノグラフィを買うこともできない。競馬やポーカーゲームなどの合法的な賭博ギャンブルにも使用できない。つまりベーシックスカードで給付をすれば，行政は受給者の金の使い方を管理できる。また先住民族社会では，友人や親族間の金銭の貸し借りが頻繁に行われるが，ベーシックスカードで給付すれば，センターリンクの窓口で福祉給付をもらったその日に，周囲にせがまれて金を使い果たすこともなくなると期待された。さらに収入管理制度の対象となった家庭は，子どもを学校に必ず登校させたり，食事をきちんと取らせるといった生活指導を受けさせられることになった。

　この収入管理制度は，73の先住民族共同体のすべての福祉受給者に強制的に適用され問題となった。能力の有無を個人単位でみるのではなく，その共同体に住む先住民族を一括りにして，生活・育児に不適格であるとみなすことに他ならなかったからである (Commonwealth of Australia 2009a: 10-12)。このように，北部準州緊急対応政策の一環として導入された収入管理制度は，その隠しようがないパターナリズムゆえに大きな批判を浴びた。これを正当化するためには，ハワード政権はあくまでも非常事態の緊急措置であると言いつづけなければならなかった。

　ハワードの後の労働党政権も収入管理制度を継続したが，「緊急措置」に代わる新たな位置づけが与えられた。それは，社会福祉政策を新自由主義的に改革する「社会実験」という役割であった (藤田 2016; 塩原 2013b)。

4. 社会実験からの全国展開

　収入管理制度を北部準州で実施したことは注目を集めたが，この制度自体は，実は他の地域でも同時期に試験的に行われていた。そのひとつが，先述のピアソン率いるケープ・ヨーク政策リーダーシップ研究所の実施した収入管理制度であった。2007年にはクイーンズランド州政府がピアソンの実践を法制化し，翌年から2012年までの期限つきでケープ・ヨーク地域の4つの先住民族共同体で福祉制度の実験が始まった（CYIPL 2007: 23-24）。2007年7月にはハワードの連邦政府も同研究所に助成し，「ケープ・ヨーク福祉改革トライアル（Cape York Welfare Reform Trial: CYWRT）」として，4か所の先住民族共同体で収入管理制度が試験的に実施された（CYIPL 2007: 23-24）。

　西オーストラリア州の東キンバリー地域とパース都市部でも，2008年11月から収入管理制度が試験的に始まった。西オーストラリア州の収入管理制度は，北部準州のそれとは異なり，先住民族だけが対象ではなかった。また，受給者全員に強制的に適用されるわけでもなかった。虐待や育児放棄から子どもを守るために必要だと判断すれば，福祉ワーカーは強制的に収入管理を適用するが，生活の改善を望む受給者が自発的に加入することもできた（WACOSS 2011）。

　2007年12月に成立した第1次ラッド政権は，この西オーストラリアの方式をモデルに収入管理制度の改革を進めた（Cox 2011: 38-40）。ラッドはハワード前政権との違いを強調し，批判が多かった北部準州緊急対応政策，とりわけ収入管理制度を見直すことにした。まず，政府の見解をディスカッション・ペーパーとして公表し，一般市民や在野の専門家の意見を公募した。また2009年には北部準州各地で公聴会を開催し，先住民族などに意見を聞いた。これらをまとめた報告書では，北部準州での収入管理制度の方式をどう改正するかが大きな論点となった。報告書では，受給者全員への強制ではなく任意の適用を望む声が多数であった。しかし，北部準州の先住民族に限ら

ず，オーストラリア全体で，全国民に収入管理制度を適用するべきだという，ごく少数の主張もあえて紹介していた（Commonwealth of Australia 2009b: 9）。この報告書は政府がディスカッション・ペーパーで提案した方針について寄せられた意見をまとめたものだったが，そもそもディスカッション・ペーパーでは，全国民に収入管理制度を適用するという提案はしていなかった（Commonwealth of Australia 2009a: 10-12）。にもかかわらず，連邦政府は結局，この主張を採用した。実際のところ，連邦政府にはそれ以前から，収入管理制度を全国展開させる思惑があったのである（藤田 2016）。

　この報告書を受けて，連邦政府は 2009 年 12 月に改革の方針を発表した（Commonwealth of Australia 2009c）。そして 2010 年 7 月に，北部準州での収入管理制度を全国の「不利な立場に置かれた地域（disadvantaged region）」に「人種の区別なく」適用する方針を示した。全国で施行する収入管理制度は，西オーストラリアの方式と同じく，自発的な加入を認めることになった。しかし 25 歳以上で過去 2 年間に 1 年以上福祉手当を受給していた人や，児童保護局やセンターリンクの職員から必要だと判断された人は，本人が希望しなくても事実上収入管理を強制された。また，特定の種類の公的年金を受給する高齢者も対象となった（ただし，一定の条件を満たせば適用は免除された）。

　そして，まずは 2010 年 12 月までに，全国でもっとも「不利な立場に置かれている地域社会（disadvantaged communities）」が集中していると連邦政府が名指しした北部準州の全域で，収入管理制度が適用されることになった（Commonwealth of Australia 2009c: 3-4）。何世代も福祉に依存してきた弊害を打破することが謳われた（Commonwealth of Australia 2009d: 1）。これによって収入管理制度の対象は先住民族に限定されなくなったため[6]，先述した 1975 年人種差別禁止法の適用除外措置は 2010 年 12 月末に解除されることになった。つまり収入管理制度は，先住民族という特定の集団を対象としたものから，特定の場所のすべての住民を対象とするものへ変容した。これを労働党政権は「場所を重視した（place-based）」施策と呼んだ（DEEWR 2011）。そして「将来，全国各地の不利な立場に置かれた地域に収入管理制度を適用するための

第一歩」だと自賛した（Commonwealth of Australia 2009d: 6)。さらに，福祉受給者の親に「正しい子育て」をさせ，貧困の連鎖を断ち切る手段として収入管理制度は有効であると主張した（藤田 2016)。

　その後，収入管理制度は北部準州緊急対応政策とは切り離され，2012年度から北部準州以外の地域にも適用された（DFHCSIA 2011a)。従来の全国一律の社会福祉政策から，問題が集積する地域に特別な施策を行う改革の一環とされた。失業が慢性化し，福祉依存が当たり前になっている地域で，人々の就労と経済・社会参加を促し，政府，財界，地域社会，NPOと連携して支援することを目指した（DEEWR 2011)。

　「場所を重視した収入管理制度（place-based income management)」と呼ばれたこの制度の最初の対象地域は，NSW州バンクスタウン，クイーンズランド州のローガンおよびロックハンプトン，南オーストラリア州プレイフォード，ビクトリア州シェパートンという「住民の多くが非常に不利な立場に置かれている」とされた自治体であった。この5つの地域では，収入管理制度は「強制ではない」が，希望者のほか，育児を担えず，貧困状態にあるため収入管理が必要だとセンターリンクの職員が判断した保護者にも適用された。またアルコール依存症や心の病気を患っている人などにも，必要だと判断されれば強制できることになった（DFHCSIA 2011a)。ギラード政権はこの収入管理制度の拡大を，福祉給付を受けるために，働くための訓練となる活動への参加を義務づける発想（ワークフェア）に基づく，「将来の労働力の育成（Building Australia's Future Workforce)」と名付けた社会福祉改革の一環だとした（藤田 2016: 24)。

　こうしてラッド＝ギラード労働党政権下で，収入管理制度の適用区域は拡大していった。北部準州で開始当初と若干変更した形で継続されたほか，クイーンズランド州ケープ・ヨーク地域，西オーストラリア州の東キンバリー地域とパース都市部，「場所を重視した収入管理制度」が最初に適用された5つの自治体，さらにクイーンズランド州リビングストン，南オーストラリア州の先住民族共同体であるアナング・ピトゥジャントジャティアラ・ヤン

クニュトジャティアラ地区（Anangu Pitjantjatjara Yankunytjatjara Lands: APY Lands），西オーストラリア州の先住民族共同体であるガーニャチャラ地区（Ngaanyatjarra Land）とラヴァトン広域行政区で運用された。ラッド＝ギラード労働党政権からアボット保守連合政権に代わった後も適用地域はさらに増え，2014年には南オーストラリア州セドゥナ周辺にも導入された（塩原 2013b; 藤田 2016）[7]。

　2016年には，収入管理制度で使用されているベーシックスカードを発展させ，福祉給付の8割を新型のデビッドカードで支給する制度の社会実験が始まった（ORIMA Reseach 2017）。対象になったのは，南オーストラリア州セドゥナと西オーストラリア州東キンバリー地域という，すでに収入管理制度が導入されていた，先住民族人口の割合が高い地域であった。新しいカードは「健康福祉カード（Healthy Welfare Card）」とも呼ばれ，ベーシックスカードとは異なり，デビッドカード決済機器を備えた店舗（オーストラリアではデビッドカードは一般市民に日常的に使用されている）ならば全国で利用できる。2017年2月の中間報告書では，両地域で成果は良好とされ，翌年度から他の2つの地域にも導入された。すでにベーシックスカードが導入されている地域以外に，適用範囲を広げることも検討されている。

　北部準州緊急対応政策と収入管理制度を切り離した過程からは，例外状況を常態化するために社会実験という論理を政府が利用していることが見えてくる。実験の「成功」が強調されることで，地域を限定していたはずの施策を他の地域にも拡げることが正当化される。その結果，コミュニティを通じた統治としての収入管理制度は，「問題がある」と名指しされた場所に移植されていくことになる。

5. コミュニティを通じた統治の拡大・深化

　先述のように，北部準州の収入管理制度は当初，特定地域に住む先住民族の福祉受給者全員を対象としたため，あたかもその先住民族共同体の全員が

経済的に自立できない福祉依存者，ドメスティック・バイオレンス（DV）や性犯罪に関与しやすい人々，子どもを養育する能力のない人々であるかのような偏見を助長したと批判された。たとえば 2010 年に公表された，オーストラリア先住民族医師協会（Australian Indigenous Doctor's Association: AIDA）による報告書は，こうした偏見のもたらす長期的な悪影響を指摘した。すなわち，北部準州緊急対応政策は短期的には先住民族共同体のインフラや教育環境の改善，貧困・DV・性犯罪の抑制に寄与するかもしれないが，長期的には健康や福祉にかえって悪影響を及ぼす。なぜなら，健康とは単に身体的なものではなく，精神的なものでもあり，社会的・文化的な要因も影響しているからである[8]。北部準州緊急対応政策は先住民族の自己決定を妨げ，さらに福祉依存者，犯罪者，社会的不適応者といった烙印を押して無力感や屈辱感を与え，自律心を奪っていると報告書は強く非難した。そして先住民族の健康と福祉にはかれらの文化の尊重と人間としての尊厳の保障が不可欠であり，そのためにも先住民族の指導者と政府の協働関係を発展させるべきと提言した（AIDA 2010: 55）。

　北部準州緊急対応政策や収入管理制度が本当に人々を経済的に自立させ，地域社会を発展させたのであれば，こうした批判は杞憂であったのかもしれない。しかしいくつかの調査報告書は，この政策が必ずしも意図した成果を挙げなかったことを示している。

　先住民族の自殺率が高いことはかねてから知られているが，2012 年に発表された北部準州議会調査委員会の報告書では，緊急対応政策の開始以降も自殺は増加傾向にあり，とりわけ若者の自殺が多いことが確認された[9]。先住民族の自殺が多い要因として，孤立，高い失業率，劣悪な教育環境などが挙げられた。また，心の問題を抱えていてもカウンセリングや治療の機会が限られていると指摘した（SCYSNT 2012: 7-24）。これらは北部準州緊急対応政策が改善目標としたものであり，自殺が依然として多いことは成果が十分に上がっていなかったことを示唆している。

　その後，労働党政権による収入管理制度の改革では先述のように，特定の

人種・民族集団ではなくある地域の福祉受給者全員が対象となった。一律に強制するわけではないといっても福祉職員が必要と判断すれば、対象者が拒否することは難しい（塩原 2013b）。そして先住民族や非英語系の移住者など、もともと経済社会的に脆弱なエスニック・マイノリティは、こうした立場に立たされやすい。それゆえ制度上、特定の集団を対象としなくなったとしても、実質的にエスニック・マイノリティに多く適用される。たとえば 2010 年に北部準州全域に収入管理制度が拡大されたのは、経済・社会的に厳しい状況の地域共同体が集中している全国でも有数の地域であるからというのが理由であった。しかし、2010 年度から 2013 年度までに収入管理制度を適用された北部準州住民のうち、実に 9 割が先住民族であった（Bray et al. 2014: xx）。もちろん、北部準州は先住民族人口の割合が州全体の約 25％と、全国でもっとも高い[10]。だが、それにしても先住民族の適用率は突出して高い。それゆえ 1975 年人種差別禁止法が北部準州緊急対応政策に適用され、収入管理制度が差別的ではなくなったとされた 2010 年より後も、先住民族は福祉に依存する人々だといった偏見を、収入管理制度の実施が結果的に助長していた可能性がある。

　連邦家族・住宅・コミュニティサービス・先住民族問題省の委託を受けて調査が開始され、2014 年に公表された北部準州の収入管理制度に関する評価報告書も、労働党政権期の「非差別的」で「自発的」な収入管理制度の成果を疑問視した（Bray et al. 2014）。まず、本人が希望していないのに対象とされた人（全体の 7 割以上）の多くは、結局家計をきちんと管理したり浪費を抑えるなど自立した経済感覚を身につけることはできなかった。また、その子どもたちの生活環境が改善したという確かな根拠もなかった。対象者の多くが適用の継続を望んでいたが、それは収入管理制度を受け続けていれば、行政が自分の家計を管理してくれるため、努力しなくても貯金ができると考えているからであり、その意味では福祉からの自立を促すどころか、制度への依存を強める結果となっていた。

　NSW 州バンクスタウンでは、「場所を重視した」収入管理制度に反対運動

が起こった。その大きな理由は，非英語系移民や先住民族に対する「自立できない福祉依存者」という偏見が強まることを懸念したためであった。バンクスタウンは非英語系，とりわけアラブ系住民が集住する地区として知られる[11]。バンクスタウンをはじめ，労働党政権が2012年に「場所を重視した」収入管理制度を導入した他の4つの自治体も，先住民族や非英語系移民の人口比が比較的高い[12]。それゆえ，ソーシャルワーカーによって収入管理制度の適用を強制されるのは先住民族や非英語系移民の貧困層が多くなり，偏見が強まると懸念されたのである。

　バンクスタウンで反対運動が起きたのは，北部準州の収入管理制度に州の違いを超えて反対していたNSW州の人権活動グループが，バンクスタウンのアラブ系住民団体の指導者と知り合ったことがきっかけであった（塩原2013b)[13]。筆者の聞き取りによれば，バンクスタウンにはもともと非英語系移民の互助組織や支援団体の強固なネットワークがあり，行政への提言や異議申し立ても活発であった。反対運動の中心人物のひとりは，州内の移住者支援団体の連絡会議の代表を務めていた。さらにアラブ系住民団体の指導者と州の労働組合が連携したこと，そして北部準州の先住民族共同体と連携できたことも大きな要因であった。一方で，バンクスタウン周辺に住む先住民族は，反対運動の主導的立場にはあまりいなかった。

　やがてバンクスタウン周辺で活動する40あまりのエスニック組織や移民定住支援団体（その多くは，非英語系移民が中心）が収入管理制度に反対して，政府あての公開質問状や署名集め，集会やデモなどを行った。もともとアラブ系住民の多いバンクスタウンは，貧困・犯罪地区といった印象が浸透していた。イメージアップのために街の人々は努力しているが，地元の意見を十分に聞かずに収入管理制度の導入が決まり，そうした努力に水を差した。このままでは，バンクスタウンは福祉に依存し社会的不適応な人の住む場所というイメージが強まってしまうと反対運動側は危惧した[14]。

　バンクスタウンを含む5か所で2012年から開始された「場所を重視した収入管理制度」の成果についての評価報告書が，2015年に連邦社会サービ

ス省から公表された（Deloitte Access Economics 2015）。自ら希望して対象となった人は，計画的にお金を使う習慣が身についたり，アルコールやギャンブル，タバコなどの浪費がやや減ったり，親戚等にお金をたかられる機会が減るなどの効果が見られた。しかし，希望していないのに対象とされた人では，確かな効果は認められなかった。

　一般的に，行政が民間調査会社に調査を委託した報告書では，政府にとって都合の悪い結果は強調されないという忖度が働くことがある。それを考慮に入れれば，収入管理制度が適用者の行動を改善する効果はかなり限定的であったようだ。北部準州緊急対応政策と収入管理制度は，先住民族への社会保障制度をコミュニティを通じた統治の実践へと変貌させ，自己責任という規範を人々の間に浸透させようとした。しかし，実際に先住民族の人々が自立した個人になったのか効果は疑わしい。その後の展開を見ると，先住民族は「社会実験」の道具に過ぎず，収入管理制度の全国的な適用を正当化することが政府の目的だったのではないかとすら思えてくる。

注

1) Altman, Jon, 2011, "Noel Pearson's Policies Embraced by White Australia, but How Effective are They?" *The Conversation*（August 9), http://theconversation.edu.au/noel-pearsons-policies-embraced-by-white-australia-but-how-effective-are-they-2226（2017 年 9 月 1 日アクセス）.
2) この組織は政権交代後の 2008 年 6 月まで活動を続けた。
3) 同報告書の執筆者の一人による以下の寄稿も参照。Wild, Rex, "An unfinished business," *The Age*, September 11, 2009.
4) 第 2 章で述べたように，1996 年から 11 年間続いたハワード政権は自己決定政策を後退させた。その最末期の 2007 年に北部準州緊急対応政策が開始されたことを考えると，先住民族の窮状の原因のすべてを自己決定政策に求めるのは困難である。
5) 連邦政府のかわりに社会保障給付・サービスを市民に提供する公益法人であったが，2011 年 7 月に連邦ヒューマンサービス省の一部門として統合された。
6) 連邦家族・住宅・コミュニティサービス・先住民族問題省ウェブサイト http://www.fahcsia.gov.au/sa/indigenous/progserv/ctgnt/ctg_nter_redesign/Pages/default.aspx（2011 年 10 月 27 日アクセス）。
7) 連邦社会サービス省ウェブサイト http://www.humanservices.gov.au/customer/services/

centrelink/income-management（2015 年 9 月 17 日アクセス）。
8) この報告書では健康を①身体的健康，②心理的健康，③社会的健康と福祉（social health and well-being），④精神性，⑤文化的健全性（cultural integrity）の 5 つの側面から定義した（AIDA 2010: 6-8）。このうち③は，先住民族共同体が過去の同化政策や植民地化の影響から，高い失業・貧困率，低学歴，劣悪な生活環境に留まっていることを問題視したものであり，先住民族向けの新築住宅の戸数や品質，学校や教師の数，雇用機会，ヘルスケアのサービスなどを指標とした。また，社会的健康と福祉のあり方は，人々がどれだけ生活や，自分の属する社会のあり方を自己決定できるかにかかっているとも指摘し，個人的・集団的自律や社会的包摂の機会，社会的な決定に関する参加の度合いも重視された（AIDA 2010: 7-8）。④は，先住民族の世界観や伝統的知識・価値観が認められ，政策の立案や遂行に反映されているか，⑤は，先住民族の文化継承にとって重要な土地権や先住権原，教育や共同体の運営に関する自己決定，文化の保全や発展のための施設などが充実しているかが評価された（AIDA 2010: 8）。
9) Skelton, Russell, "Symbols of Despair and a National Disgrace," *The Age*, Feb 11, 2012. なお同時期に筆者が行った，北部準州の先住民族に対するコミュニティ開発支援 NGO 職員へのインタビューでも，先住民族の若者の自殺が頻発していることが確認できた（2012 年 3 月 15 日，ダーウィンにて）。
10) 2016 年国勢調査より。Australian Bureau of Statistics, *Aboriginal and Torres Strait Islander Peoples Profile*（Northern Territory）.
11) 2006 年国勢調査によれば，バンクスタウン地区（Local Government Area）の人口の 4 割近くが海外生まれで，2 世以降を含めるとアラビア語話者は約 19 % を占めた（Australian Bureau of Statistics, 2007, *Basic Community Profile（Bankstown）*）。
12) 2006 年国勢調査より（http://www.abs.gov.au/　2012 年 2 月 15 日アクセス）。
13) なお，バンクスタウン以外の 4 つの自治体では制度の導入前に大きな反対運動は起きていない。
14) "Bo to Government's Income Management, Not in Bankstown, Not Anywhere!"（バンクスタウン周辺の 40 のエスニック組織・支援団体等の連名による連邦政府・国会議員への公開書簡）。

第 3 章

土地権を規制緩和する
「格差是正の取り組み」と先住民族共同体

1. ホームランドの今日的意義

　先住民族は，祖先の土地（ホームランド）の自己決定権を近代国家の植民地主義によって奪われた人々の末裔と定義される。多くの場合，その収奪は自分たちを征服した国民国家政府が規定した私的所有権の枠組みにしたがって進められた。それゆえ先住民族がホームランドを回復するには，個人の私的所有権とは異なる集団的権利としての土地権や，その根拠である先住権原といった概念が必要となる（細川 1997: 189-193）。また先住民族の文化やアイデンティティはホームランドと緊密に結びついていることが多いため，外部の人間が勝手に土地を開発すれば，その継続は危うくなる。もちろん，今日ではホームランドを離れて暮らす先住民族は大勢いるし，ホームランドで暮らす人々も植民者の文化やアイデンティティと混淆したものを形成しているだろう。そうだとしても，植民地化された社会で生きる先住民族がホームランドとの関わりを通じて文化・アイデンティティ・生活様式を自己決定する権利は依然として重要である。

　だが先住民族がホームランドで暮らす権利を獲得したり，今日のオーストラリアのようにかなりの土地が先住民族に返還されても，問題は解決しない。

植民地化によって先住民族は社会経済的に低い地位に押し込められ，良い教育や職業訓練を受ける機会が限られており，その結果，後の世代もまた貧困層となる連鎖が続いてきた。そのため，資本主義市場経済において雇用やビジネスで競争する際に，不利なスタートラインに立たされがちである。しかも新自由主義の影響が強い社会では，過去から続く不公正を是正するための社会保障は削減され，貧困は個人の自己責任とみなされる。また今日の先進諸国では，共同体や労働組合といった中間集団が弱体化し，労働者が独力でグローバルな市場競争と対峙せざるをえない傾向が強まっている。だからこそ，もともと不安定な立場に置かれてきた先住民族がさらなる打撃を受けずに市場競争に対処できるように，共同体を維持することが重要である。その共同体の地理的な拠り所となり，人々のつながりの象徴となるのが，ホームランドなのである。

　それゆえ先住民族がホームランドを守りたいのは，現代文明との接触や変化を拒絶するためではない。新自由主義とグローバリゼーションの波に抗して，自己決定権を守るためにホームランドが必要なのだ。つまりホームランドを保持するとは，新自由主義と戦う拠点を確保することでもある。非先住民族との混血・混住が進んだ先進諸国の先住民族でも，自己決定権や土地権の保障は重要な課題なのである。

　しかし現実には，新自由主義の影響を受けた国家政策に，歴史的に不利な立場に置かれた先住民族が抵抗するのは容易なことではない。前章まで見てきたように，先住民族の自己決定権と土地権・先住権原の承認や制度化が進んだオーストラリアでさえ，権利の保障は停滞・後退してきた。そうした新自由主義的な改革を「緊急事態」の名のもとに正当化したのが，ハワード政権末期に導入された北部準州緊急対応政策であった。それは，同政権の先住民族に対するパターナリズムを色濃く反映していた（Kowal 2008: 341）。そのようなパターナリズムは政府だけではなく，白人の保守派知識人の主張にもしばしばみられた（Sutton 2009）。

　労働党政権はハワード政権から北部準州緊急対応政策を受け継いだが，そ

れを正当化する論理は「非常事態への緊急対応」から「新自由主義的改革の社会実験」へと変化したことは前章で述べた。この社会実験は，先住民族とマジョリティ国民との「格差の是正」を目的に掲げた。この一見すると疑問の余地のない目標がもつ問題について，本章では考察する。すなわちラッド＝ギラード政権が導入した「格差是正の取り組み（Closing the Gap Initiative）」という政策は，先住権や土地権といった権利を先住民族の「既得権益」とみなし，新自由主義的改革による「規制緩和」の対象としたのである。

2. 北部準州緊急対応政策の見直し

ハワード連邦政権では野党だった労働党も，北部準州緊急対応政策の導入を支持した。しかし2007年12月に政権交代が実現すると，前政権のパターナリズムを払拭するかのような政策を次々と打ち出した。先住民族との「和解」の要求（第1章参照）を拒否したハワードとは異なり，ラッド首相は2008年に，オーストラリア政府が先住民族に対して行った過去の不正義について公式に謝罪した。2009年にはやはり前政権が反対した「先住民族の権利に関する国際連合宣言」に賛成を表明した。さらに，先住民族の承認を盛り込んだ憲法改正（「憲法における和解（constitutional reconciliation）」と呼ばれた）に向けて準備を開始した（鎌田2014b: 38）。

北部準州緊急対応政策でも，前政権とは異なり先住民族の意見に耳を傾ける姿勢を強調した（DFHCSIA 2012a: 25-27）。ハワード政権下で中心的役割を担った北部準州緊急対応特別部隊（前章参照）は，政権交代にともない廃止された。2008年の最終報告書は，一定の成果を強調し，北部準州緊急対応政策を引き続き継続することを提案した。ただし前章で検討した収入管理制度については，原則として維持するべきだが，特定の地域に住む先住民族の福祉受給者全員に強制的に適用するのではなく，任意加入を認めるよう改正すべきとした。また遠隔地の先住民族を職業訓練を兼ねて雇用するCDEPについては否定的であり，福祉の一環ではなく，先住民族が自己責任で仕事

を見つけて賃金を受けとる「本当の仕事（real job）」ができる雇用の場をつくるべきだとした（NTERT 2008: 18-21）。それは前章で述べたノエル・ピアソンの「本当の経済」という発想とも似通っていた。

その後も1975年人種差別禁止法の適用除外措置に批判が相次いだこともあり，ラッド政権は北部準州緊急対応政策の見直しを進めた。2008年に設置された再検討委員会は報告書で，同政策の意義は評価しつつ，人種差別禁止法の適用を含め，いくつかの修正の必要性を指摘した。そして先住民族の理解と関与を高めたうえで事業を継続するべきと提言した（Commonwealth of Australia 2008）[1]。この報告書は，現地の先住民族の多くが，北部準州緊急対応政策は先住民族を標的にした人種差別的な政策であると信じていると指摘した。そして，連邦政府が先住民族を十分に支援してこなかったことが問題を深刻化させたのにもかかわらず，貧困や暴力といった問題があたかも先住民族の文化に原因があるかのようにいうのは不公平だという不信が広まっているとした（Commonwealth of Australia 2008: 9）。とりわけ収入管理制度については，特定の地区に住む先住民族の福祉受給者全員に一律に適用するやり方が不満や怒りを招いており，任意に改めるべきだとした。また前章で述べた5年間の強制的な土地の借り上げについては，政府から先住民族共同体に対して補償金や土地の賃貸料が適切に支払われておらず，それが人種差別禁止法の適用除外のタイミングと重なったことが先住民族の不信感を募らせているとした。さらに，1975年人種差別禁止法の適用除外を解除できるようにすべきとも提言した。そうすれば先住民族は北部準州緊急対応政策を良く理解し，適切に関与できるようになると報告書は主張した（Commonwealth of Australia 2008: 11）。いっぽうCDEPについては，それが遠隔地の先住民族にとってほぼ唯一の働き口である現状を踏まえ，職業訓練の場としつつそれに代わる雇用を創出する努力を続けるべきとした（Commonwealth of Australia 2008: 20-47）[2]。

3. 緊急対応から格差是正へ

　このように，ラッド政権ではハワード政権との違いを印象づけるような改革が提案された。しかし，それは形式的なものに過ぎず，本質的にはハワード政権期と変わらないという批判もあった（Concerned Australians 2011a）。確かにラッド政権も，2010 年に発足したギラード労働党政権も，先住民族個人の自立と自己責任を求めるハワード政権の方針を基本的に踏襲した（Commonwealth of Australia 2009d）。ただし，パターナリズムを隠そうとしなかったハワード政権とは異なり，比較的リベラルとされる労働党政権では，先住民族の自己決定権を真正面から否定せずに改革を正当化できる論理が必要だった。そこで労働党政権が唱えたスローガンが，格差の是正であった。

　2008 年，連邦政府と各州・北部準州・首都特別地域（ACT）の政府から構成されるオーストラリア政府会議（Council of Australian Governments: COAG）は，「全国先住民族改革協定（National Indigenous Reform Agreement: NIRA）」を締結した。この協定は先住民族の平均寿命，乳児死亡率，教育，雇用などを向上させ，非先住民族との「格差の是正（Closing the Gap）」を目標に掲げた。また，就学前児童教育，学校教育，保健衛生，健全な住環境，経済的参加，安全なコミュニティ，ガバナンスとリーダーシップという 6 つの柱を設定した（DFHCSIA 2012a: 1-2）。この「格差是正の取り組み（Closing the Gap Initiative）」の一環として，北部準州緊急対応政策は 2011 年度末まで予算を拡充しつつ継続することになった（DFHCSIA 2010: 3; Commonwealth of Australia 2009b）。連邦政府は，CDEP の改革，先住民族の雇用増大，ドラッグ・アルコール中毒の予防やリハビリ，犯罪を防止するための警察力の強化などを実施していくと発表した。先住民族の教育格差の是正，乳幼児を抱える家族や，青少年のサポートなども充実させることになった。先住民族の土地の 5 年間の強制借り上げについては，政府が適切な賃料を支払い，しかも強制借り上げが行政にとって必要不可欠な場所に限定した。収入管理制度は継続させるものの，

1975年人種差別禁止法のNTER政策への適用を先住民族の意見をさらに聴きながら進めていくことになった。なおCDEPに関しては，2008年12月に，遠隔地に住む先住民族の雇用促進を進め，先住民族の人々の勤労意欲の向上を重視する改革案が連邦政府によって発表され，2009年7月から施行された[3]。

しかしそれ以降も，改革の成果を強調する連邦政府に対して，インフラ整備の遅れや先住民族の子どもの登校率の伸び悩み，子どもの自殺の頻発など，北部準州緊急対応政策の効果を疑問視する報道は絶えなかった[4]。根本的に，連邦政府の政策が当事者と十分協議しないまま導入・運営されてきたことが，先住民族の不信を招いたと批判された（Commonwealth of Australia 2008: 11）。北部準州緊急対応政策は，その適用対象となった先住民族やメディアからは，政府の一方的な干渉を含意して「北部準州への介入（Northern Territory Intervention）」と呼ばれることも多かった。先住民族に「自立できない人」というレッテルを貼って自己決定権を侵害したと受け止める人々もいた（DFHCSIA 2011b: 45）。

北部準州緊急対応政策は2012年度から「より強い未来（Stronger Futures）」政策と改称され，10年間継続することになった（DFHCSIA 2012b）。連邦政府は，子どもを学校に行かせない先住民族の親に福祉給付を制限する方針を示した（Commonwealth of Australia 2011: 4-5）。しかし福祉給付と引き替えにこのような強制をする試みには，疑問を持つ向きも少なくなかった。連邦政府の方針に批判的な知識人のグループが行った，北部準州の先住民族を対象とした調査では，子どもに教育を受けさせることは重要だが，子どもの不登校には親のしつけだけではなくさまざまな要因がかかわっており，親を罰しても子どもの不登校が減るのか疑わしいと考える人が多かった。そして，こうした上からの懲罰的な手法ではなく，先住民族が自ら問題に対処する力をつけさせる支援を望む声もあった（Concerned Australians 2011b: 1-17）。

2016年に公表された「より強い未来」政策の評価報告書によれば，2012-14年度は，とくに土地改革の面で成果を挙げたという。それによると，

2013年の法改正によって，先住民族がホームランドを非先住民族に商業目的等で貸し出す際の規制が緩和された。先住民族の商業的機会を増やし，遠隔地の経済発展を促すためであった。また，土地を貸すかどうかは地主である先住民族の判断に委ねられているため，自己決定権や土地権と矛盾しないとされた。1976年アボリジナル土地権法（北部準州）に反するという声も一部にはあったが，多くの先住民族の当事者はこの変化を支持している，と報告書は主張した（KMPG 2016）。

4. 規制緩和される先住民族の権利

　労働党政権は北部準州緊急対応政策をより持続的なものにするため，遠隔地の先住民族共同体の治安維持，保健衛生や雇用創出，住宅供給，商店の増設などに多くの予算を割く意向を示した（Commonwealth of Australia 2009a: 6）。「より強い未来」政策と改称した後も，先住民族共同体の持続可能な発展が目標とされた。先住民族の土地に行政や，その委託を受けた非先住民族の企業が進出し，必要なインフラを整備することが目指された。その際，政府によって障壁とみなされたのが，先住民族の土地権であった。

　先述のように，先住民族にとってホームランドと関わりつづけるため，土地権は極めて重要である。それによって，祖先から受け継いだ大切な土地が非先住民族の手に渡ったり，勝手に開発されるのを防ぐことができる。しかし，格差是正のための持続的な発展を掲げた労働党政権は，ハワード時代のパターナリズム的な政策を支持する野党保守勢力と対抗するためにも，先住民族の地域共同体に効率的に介入して格差是正を進める必要があった。その結果，比較的リベラルな労働党政権にとって，先住民族の土地権が障害とみなされるという皮肉な状況が生じた。政府にしてみれば，先住民族の許可がなくてはホームランドの開発どころか，立ち入りも自由にはできない。開発優先という視点から見れば，先住民族の権利を守る法律は，まるで岩盤のように強固な「規制」と映るのである。それゆえ政府は，1990年代前半まで

の権利重視の政策（第1章参照）によって，先住民族の尊厳を守るための権利として確立されたはずの土地権の「規制緩和」を目指したのであった。

　もっともこの規制緩和は，ハワード政権の頃から進められていた。その最初の標的となったのが，入域許可制度であった。前章でも説明したように，この制度は1976年アボリジナル土地権法（北部準州）によって確立されたもので，外部の者がホームランドに許可なく立ち入るのを，土地権を持った先住民族（伝統的土地所有者）は拒否できる。北部準州緊急対応政策の導入当初，ハワード政権はこの制度の廃止を表明した。北部準州緊急対応政策は，先住民族の女性や子どもの安全や権利を守るために導入したのに，それと無関係にみえる入域許可制度の廃止をなぜ進めようとしたのか。連邦政府はその理由を，先住民族の子どもの教育や保健衛生，住宅建設，インフラ整備などに従事する非先住民族の行政職員や企業の従業員が，いちいち許可を取らずにホームランドに入れるようにするためだと説明した。つまり効率性という観点から，先住民族の土地権の象徴である入域許可制度を否定したのである。当然，この決定は先住民族の大きな反発を招いた（FaHCSIA 2011: 37）。先住民族の圧倒的多数がこの制度の維持を求めたことは，労働党政権の報告書も認めている（Commonwealth of Australia 2008: 41）。結局ラッド政権は，入域許可制度を復活させた（Commonwealth of Austalia 2009e）。

　やはり前章で述べた，先住民族の土地を5年間強制的に借り上げる措置も，こうした規制緩和の一環であった。この措置も入域許可制度と同様，先住民族の権利を侵害すると厳しく批判された。土地の強制借り上げは，インフラ整備や行政サービスを提供するためといって行われたが，このときも，非先住民族の政府職員や委託業者が先住民族の土地に自由に出入りし効率的に仕事をできるようにするためという理由であった（FaHCSIA 2011: 36）。しかも政府は当初，土地の賃料を払わない方針であった。のちに賃料を払うことに合意したが，支払いはスムースに進まず，批判を招いた（Commonwealth of Australia 2008: 39-40）。

　入域許可制度の廃止や5年間の強制的土地借り上げが始まった2007年，

連邦政府と北部準州政府が交わした覚書がある。前章で述べたとおり，北部準州緊急対応政策は，準州政府の頭越しにハワード連邦政権が先住民族共同体に直接介入したものであった。連邦政府は準州政府には危機管理能力が欠けていると非難した。しかしこの覚書では，連邦政府は遠隔地における先住民族の住宅問題を改善するために，多額の資金を拠出することを準州政府に約束していた。そして公営住宅の建設や土地の管理については，先住民族だからといって特殊な手法で行うのではなく，非先住民族と同じやり方で行うとしていた（ANAO 2011: 21）。つまり連邦政府は北部準州緊急対応政策の開始直後から，先住民族のホームランドの開発を非先住民族の企業に任せようと画策していたのである。入域許可制度の廃止や強制的な土地の借り上げは，非先住民族の企業が進出しやすくするための下準備の意味があった。

やがてラッド連邦政権と北部準州政府は 2008 年に「先住民族向け住宅とインフラに関する戦略的プログラム（Strategic Indigenous Housing and Infrastructure Program: SIHIP）」を開始し，先住民族向け住宅の建設を合同事業として進めた（ANAO 2011: 15-23）。この事業では，先祖の土地を非先住民族が開発することに難色を示す先住民族を，自発的に長期間土地を貸してくれるように説得し，許可が下りた土地に住宅を建設することにした（DFHCSIA 2011b: 36）。この事業は同年 11 月にオーストラリア政府会議（先述）が締結した「遠隔地先住民族向け住宅に関する全国協力協定（National Partnership Agreement on Remote Indigenous Housing: NPARIH）」に組み込まれ続けられた。政府が先住民族から借り上げた土地で行う住宅の改築や新築は，非先住民族の企業に委託された。建設会社を中心としたふたつの企業連合体が結成され，政府からの契約を受注した。その後，住宅の建設工事が当初の計画どおりに進まないことに世論の批判が集まり，事業に参加した民間企業が不当な利益を得ているのではないかという疑惑もあった（ANAO 2011: 23）。

かつては先住民族の自己決定と土地権を第一義に進められてきた先住民族共同体の環境改善策は，非先住民族の民間企業にも利益をもたらす公共事業の発想で進められるようになった。こうした発想のもとでは，企業の参入を

阻害する先住民族の土地権は，既得権益，強固な規制以外の何物でもなかった。それを取り除くことは，先住民族の権利の剥奪ではなく，自由な経済活動のための規制緩和として，正当化されたのである。

5. 誘導される自己決定

　先住民族の土地権を経済活動にとっての障壁とみなす流れは，ホームランドの存在そのものを揺るがすようになった。もともと今日のホームランドとは，先住民族の権利回復運動が盛んになった1970年代以降に，自己決定権とアイデンティティの回復のために都市周辺部などから先祖の土地へ移り住んで形成された（塩原 2013a）。それゆえ政府にとって，先住民族がホームランドに住み続けられるように行政サービスやインフラを整備するのは，自己決定政策の理念に基づいた土地権の保障のための政策でもあった。実際，遠隔地のホームランドに住む先住民族の生活は，先祖の土地と文化的・情緒的に強く結びつき，保健衛生は都市周辺部の先住民族よりも良好という調査報告もあった（Burns 2009: 116-118; Anaya 2010: 18）。

　だが，少人数の地域共同体が広大な北部準州の各地に離散しているため，行政サービスを行き届かせるには効率が悪い。さらに遠隔地には雇用の機会が少なく，どうしても現金収入は福祉に頼りがちになる。それゆえ，先住民族の集団としての自己決定（自律）よりも個々人の自己責任（自立）を優先する風潮が強まると，ホームランドに暮らすことは先住民族に自律のための力を与えるのではなく，自立する力を奪うことであるとみなされるようになっていく。政府は住民をホームランドから比較的大きな町に移住・就業させて福祉支出を削減し，それと並行して行政サービスやインフラ整備を効率化しようとした。先述した「先住民族向け住宅とインフラに関する戦略的プログラム」も「遠隔地先住民族向け住宅に関する全国協力協定」も，ホームランドではなく，比較的大きな奥地の町を主な対象にしていた（Burns 2009: 120）。

この傾向に拍車をかけたのが，「格差是正の取り組み」政策との関連で北部準州政府が2009年5月に開始した「働く未来（Working Future）」政策における「地域発展タウン（Territory Growth Town: TGT）」であった。これは北部準州周辺の比較的大きな20の集落を地域発展タウンに指定し，住宅や公共サービス（学校，警察署，裁判所，保健衛生施設，インターネット接続等），インフラ（水道や電気，道路等）の整備を集中的に進める計画であった。小売店などの商業施設も積極的に誘致することになった[5]。

　この施策は，ホームランドに住む先住民族を地域発展タウンに移住させようとしているとみなす人々もいた。それゆえ，先住民族の土地権を侵害していると批判された（Amnesty International Australia 2011）。たとえば2009年にオーストラリアを現地調査したジェームズ・アナヤ（先住民の人権および基本的自由の状況に関する国連特別報告者）は，翌年に国連総会に報告書を提出した。それによると，オーストラリア政府の「格差是正への取り組み」政策には評価されるべき点もあるが，先住民族の社会経済的福利のみを追求するのではなく，自己決定権や文化・コミュニティの健全な発展と両立をはかるべきであると指摘した。そうして地域発展タウン構想がホームランドからの移住を先住民族に強いる結果になることを懸念した（Anaya 2010）。

　ただし，地域発展タウンの整備を進めただけでは，先住民族の土地権・自己決定権を侵害したことにはならない。先住民族がホームランドに住む権利を剥奪したわけでも，強制的に移住させたわけでもないからである。実際，連邦政府はアナヤ特別報告者に対して，先住民族がホームランドに住み続けるための行政サービスを維持すると明言した。だが，ホームランドの公共サービスをどの程度整備するかは，地域発展タウンからの距離に応じて基本的に決まることになった[6]。すなわち，地域発展タウンから近い場合には，そこからの遠隔サービスが中心になり，じゅうぶんな行政サービスが受けられないことになる。しかも，ホームランドの住民にも行政サービスへの金銭的負担が求められた。アナヤによる現地での聞き取りでも，実際に政府のホームランドへの支援が弱まっている傾向が指摘された（Anaya 2010: 18）。つまり，

この政策の狙いは先住民族から土地権を直接奪うことではなく，先住民族が近代的な意味での便利な生活をしたければ，ホームランドを捨てて地域発展タウンに移住するよう「自己責任」で「自己決定」せざるを得ないように仕向けることにあった。
　米国の法学者ローレンス・レッシグは，このようにして人々の意思決定に影響を及ぼす物理的環境を「アーキテクチャ」と呼んだ（レッシグ 2007）。地域発展タウン政策は，先住民族を取り巻く物理的環境を変化させることで，先住民族の自己決定という，ラッド労働党政権も賛成した先住民族の権利に関する国際連合宣言（先述）の理念に背くことなく，新自由主義的な改革のためにかれらの土地権を規制緩和することを可能にした。それはまた，先住民族の権利を保障する法律を制定するという，自己決定政策の基本的な方法の限界まで露呈させた。アーキテクチャに手を加えれば，わざわざ法を改正しなくても先住民族がホームランドから離れるように，自己決定してもらえるからである。これは，先住民族の土地権や自己決定を保証する法律が，新自由主義的改革によって骨抜きにされかねないことを意味する[7]。

6. 新自由主義時代の自己決定権

　本章の冒頭で述べたように，新自由主義への抵抗の拠り所という意味で，ホームランドとのつながりは現代の先住民族にとってますます重要となっている。だからこそ，新自由主義的改革を進めたい政府は，先住民族の土地権を経済発展の障壁とみなして規制緩和しようとする。労働党政権のようなリベラルとされる政府でも，そうしたネオリベラルな規制緩和を行うということが，本章の分析で見えてきた。その際，先住民族と非先住民族の「格差を是正する」という論理が口実に使われた。そのためには市場原理の導入が必要であり，先住民族の土地権はそれを阻んでいるからと規制緩和の標的となった。さらに，先住民族が自ら規制緩和を受け入れるように仕向けて，先住民族の自己決定と両立しているかのように装われた。

リベラルな政権による先住民族共同体へのネオリベラルな介入は，ハワードのような，より保守的な政権のパターナリスティックで強権的な介入と比べて，批判対象になりにくい。しかし，いったんアーキテクチャが改変され，既定路線化してしまえば，マイノリティがそれに抗うのは難しい。その結果，ホームランドとのつながりが弱まれば，先住民族は同胞との連帯を失った脆弱な状態で市場競争に直面しなければならなくなり，非先住民族との格差はかえって拡大してしまうかもしれない。

　こうした困難な状況に，権利を重視する自己決定政策を支持してきた先住民族運動はどのように対処したのだろうか。アボリジナル－トレス海峡諸島民委員会（ATSIC）（第1章参照）がハワード政権によって2005年に廃止されて以来，オーストラリアの先住民族運動は全国代表組織を持たなかった。そこで労働党政権下で，「オーストラリア・ファーストピープル全国会議（National Congress of Australia's First Peoples, 以下「コングレス」と呼ぶ）」が結成され，2011年に最初の全国会議が開催された。コングレスは全国の先住民族の意見を集約する組織になろうとしたが，ATSICの失敗から，先住民族の多様なニーズや意見を適切に代表する全国組織は困難だとみる先住民族指導者もいた[8]。それゆえコングレスはATSICの失敗の原因とされた，政府のサービスの認可や予算配分を巡る汚職や派閥対立を避けるため，そのような権限を求めず，あくまでも政府の外からの提言や異議申し立てに徹することにした。また政府機関であったATSICとは異なり，民間の法人として政府や政党から財政的に自立すると謳った（NCAFP 2011）。しかし実際には創設当初より労働党政権から資金援助を受けており，保守連合政権に交代すると財政難となって存続の危機に陥った[9]。

　創立時のコングレスの主張と活動は，先住民族の権利に関する国際連合宣言をはじめ，国連や国際人権法での先住民族の権利概念に強く影響されていた。共同代表のひとりは，国連を拠点として活動する著名な先住民族活動家のレス・メルツアーであった。彼はオーストラリアにおける先住民族の自己決定権や土地権，そして先住権原を追求してきた主導的人物であった。こう

した権利重視のアプローチは，今日も重要性を失ってはいない。しかし前章まで述べたように，それでは先住民族が現実に直面する困難を改善しなかったと批判され，影響力を低下させてきた。コングレスに対しても，オーストラリア奥地の先住民族共同体の現状を理解しようとせず，国際的な場でアピールばかりに精を出す，都市部の高学歴エリート先住民族の集まりであるという批判はよく聞かれた。

　人類学者の友永雄吾によれば，オーストラリアの先住民族運動では土地権や先住権原に関する法律の活用を戦略の中心に据えるあまり，運動の担い手が高学歴の先住民族やその支援者に限定され，そうではない人々との分断が生じがちであった。また連携する相手も，国外のNGOや国連の会議に参加する他国の先住民族団体が多かった。しかし1998年の先住権原法改正以降は，非先住民族の地域住民を巻き込んだ運動が目立ってきたという（友永2013: 30-31）。友永はNSW州とヴィクトリア州にまたがるホームランドに暮らす先住民族ヨルタ・ヨルタが，グローバルな規範とローカルな日常を接続した運動を展開した事例を報告している。かれらは地球環境問題というグローバルな課題を意識し，海外の団体とのネットワークを活用して政府や企業に働きかけながらも，非先住民族の地域住民とのローカルな対話のなかで相互理解と協働を深め，地域の実情にあった運動を進めている。ヨルタ・ヨルタの戦略は，現地の「ふつうの」人々の感覚から遊離したエリートの運動という，権利重視の先住民族運動に対するレッテル貼りを乗り越える方向性を示している（友永2013）。ただし，こうした先住民族運動が発展していくには運動側の変革だけではなく，マジョリティの側も，先住民族運動は偏狭な民族意識に凝り固まって主流社会との対話や協働を拒絶するものといった固定観念から脱する必要がある。

注
1)　この再検討委員会の報告書はもともと北部準州緊急対応政策の必要性を疑問視する内容だったが，政府の要請で書き直されたという新聞報道もあった（Cooper 2008: 25）。

2）　ただし経済学者のジョン・アルトマンは，CDEPに代わる雇用を遠隔地で確保することは困難であり，CDEPが「改革」されれば多くの先住民族が故郷を離れて鉱山労働や都市部の低賃金労働などに就かなければならなくなる可能性が高いと危惧した（Altman 2010: 259-260）。
3）　Macklin, Jenny and Brendan O'Connor, 2008, "Strengthening Indigenous Employment Opportunities（joint media release, Dec. 19, 2008），" http://jennymacklin.fahcsia.gov.au/node/308（2013年3月26日アクセス）
4）　たとえば以下を参照。"NT tragedy compels policy change," *The Age*, February 13, 2012. Puddy, Rebecca, "Sluggish uptake of new remote services," *The Australian*, October 15, 2011. Rout, Milanda, "$1.35m bill for signs attacked as a waste," *The Australian*, November 1, 2011. Wilson, Lauren and Patricia Karvelas, "Evidence backs intervention, Macklin insists," *The Australian*, November 1, 2011.
5）　Northern Territory Government, "Territory Growth Towns,"（factsheet）.
6）　Northern Territory Government, "Outstation/homeland policy: headline policy statement," May 2009.
7）　TGTの構想はその後，主要遠隔地タウン（Major Remote Towns）と改称しつつ，北部準州政府によって引き続き進められた（http://www.australiasnorthernterritory.com.au/Living/nt-cities-towns/Pages/remote-towns.aspx　2016年11月1日アクセス）。
8）　たとえば以下を参照。Rintoul, Stuart, "Price slams First Peoples over intervention stand," *Weekend Australian*, October 29, 2011.
9）　Caccetta, Wendy, "National Congress on verge of extinction, say leaders," *National Indigenous Times*, 27 Oct, 2016.

第4章

解放か放置か
庇護希望者の地域社会での抑留

1. 地域社会への解放？

　第1章で，オーストラリアの難民・庇護希望者政策の概要を説明した。そこでも述べたとおり，オーストラリアは1970年代以来，国際法によって「難民」と認定された人々を毎年相当数受け入れ，難民条約批准国としての責任を果たしてきた。その一方で，正式に難民と認められていない人々，とくに船で非正規に入国する庇護希望者（IMA）については難民とはまったく異なる扱いをし，入国を阻止しようとしてきた。この傾向は，庇護希望者が増大した2000年代初頭に顕著になった。ハワード保守連合政権は，軍事力の行使も辞さない厳格な国境管理によってかれらの入国を阻止する姿勢を示した。老朽化した木造船で密航してきた人が死亡したり，国内外の抑留施設に収容された庇護希望者の人権や尊厳が侵害されて社会問題になった。

　政府自身が庇護希望者の人権を侵害しているこうした状況は，ジョルジョ・アガンベンの「剥き出しの生」「例外状況」という概念に依拠しながら批判的に考察されてきた（アガンベン 2003, 2007）。たとえば第1章でも述べたように，連邦政府は1990年代初頭から，非合法に入国・滞在する庇護希望者全員の身柄を拘束し，原則として施設に収容する方針をとってきた。ま

たハワード政権は，庇護希望者を入国させず，全員国外の施設に収容する政策（「パシフィック・ソリューション」）を実行した。ジョン・ストラットンはこうした政策を，新自由主義的国家が経済合理性を追求する過程で生じた法的例外状況が，空間的に表現されたものだとした（Stratton 2011: 131-149）。クリステン・フィリップスも庇護希望者の抑留を法的な例外状況と捉え，抑留された庇護希望者の家族が女性や子どもの保護という名目で分断させられていくさまを分析した（Phillips 2009）。テッサ・モーリス－スズキは，1990年代末に世界的な民間警備企業グループの現地法人に業務委託された国内の非正規入国・滞在者抑留施設で，劣悪な処遇や人権侵害が頻発したことを報告した。そしてこれを，政府が従来担ってきた健康や教育，安全保障といった領域が民営化される「市場の社会的深化」が生み出した法的な例外状況の一例とした（モーリス－スズキ 2004: 113-119, 13-24）。

　これらの先行研究は，庇護希望者抑留施設の内部の状況を批判の対象とし，自由を奪われている庇護希望者を地域社会に「解放する」ことが望ましいと暗黙のうちに想定していた。実際，その後の労働党政権は，庇護希望者を塀で囲まれた施設に閉じ込め，刑務所にも例えられた従来の方式に代わり，逃亡や犯罪の恐れの少ない子どもやその母親などには外出や滞在，地域の学校への通学を許可する「代替的抑留方式」の適用を進めた（IIDA/JSCM 2009; Koleth 2012: 37-48）。これは「地域社会を活用した（community-based）」抑留と呼ばれた。

　ハワード政権の庇護希望者政策を批判してきた支援団体や人権ロビーも，この方針を概ね好意的に評価した。政府は代替的抑留を進めるために，庇護希望者向けの宿泊施設を地域社会に建設し，そこに滞在する人々を支援する事業の運営を非営利団体に委託した。こうして難民・庇護希望者支援団体は，庇護希望者政策の一端を担うことになった。アン・マックネヴィンによれば，それは連邦政府が進めてきた移民・難民支援事業の新自由主義的な改革（アウトソーシング）の一環でもあった。このアウトソーシングが進んだことが，支援団体が集中するシドニーやメルボルンのような大都市に難民や庇護希望

者が集まる要因にもなった（McNevin 2010: 414-416）。

こうしてラッド＝ギラード労働党政権では，連邦政府による代替的抑留を非営利の民間支援団体が受託して実施することが，地域社会を活用した庇護希望者抑留施策の基本的な進め方となった。しかし事業が本格化し，難民申請の結果を待ちながら地域社会に滞在する庇護希望者が増えると，予想外の事態が生じた。本章ではこうした推移を分析する。代替的抑留は，従来型の施設に閉じ込められていた庇護希望者を地域社会に一時的にでも「解放」する人道的な措置のはずだったが，十分な身分保障や支援を与えないまま長期間「放置」する結果となった。しかも，行政の効率性やコスト削減の名の下に正当化されてしまったのである。

2. 労働党政権の庇護希望者政策[1]

2007年12月に発足したケヴィン・ラッド労働党政権（第1次）は，庇護希望者の人権を軽視していると批判された前政権の排外主義的な政策から転換を図った（Billings 2011: 280）。2008年には，ナウルとパプア・ニューギニアにあった国外抑留施設の運用停止と，「パシフィック・ソリューション」の終了を宣言した。密航船による非正規入国者のうち，難民認定された人に交付していた一時保護ビザ（TPV，第1章参照）も廃止され，非正規に入国した者でも難民と認定されれば永住ビザを交付されることになった（塩原 2010: 110-115）。翌年には密航船で非正規に入国した人が難民認定されたければ，オーストラリアに到着して45日以内にビザを申請しなければならない「45日ルール」を撤廃した（Koleth 2012: 26-27）。

こうした変更はあったものの，ハワード政権期の庇護希望者政策の根幹をなす2つの原則は堅持された。1つめは庇護希望者が多く漂着する沿岸部・島嶼部を，オーストラリアの領土に船で非合法に到着した人がビザの申請ができない（すなわち，庇護申請ができない）地域（移住ゾーンからの除外地域）として設定したこと。2つめは非正規に入国した庇護希望者を原則として全

員，施設に収容し，自由を奪うことであった。その結果，施設の収容が長期化し，入所者の身体的・精神的負担が懸念された。

　2008年になると，船で非正規に入国する庇護希望者数が急増し始めた（図4-1）。そのため人道的な対処法を探っていた労働党政権は，早くも方針転換を余儀なくされた（Koleth 2012: 37）。2010年には密航船の到来を抑制すべく，とくに増加が目立つスリランカやアフガニスタンからの難民審査を一時停止する措置などをとった。この年の6月，労働党の内紛に勝利して首相となったジュリア・ギラードは，船で非合法に上陸した庇護申請者の難民認定基準を一層厳格にするとともに，かつての「パシフィック・ソリューション」と同様，かれらを入国させずにナウルやパプア・ニューギニアの国外施設に送り込む方針を発表した。後述するように，実際には第2次ラッド政権成立直後の2013年7月から，船で非正規に入国した庇護希望者は国外抑留施設に送られることになった。それまでの間，国内の施設に収容される庇護希望者は増加の一途をたどった。

　ギラード政権は，こうした人々を近隣諸国に移送する可能性を模索した。2010年7月にはオーストラリアに船でやってきた800人の庇護希望者をマレーシアに移送し，その代わりマレーシア国内にいる，すでに難民と認定された人々を4年間で4000人以上受け入れることで両国政府は合意した。これにより国内の庇護希望者を減らし，さらなる受け入れを拒否しつつ，難民の受け入れに消極的という国内外からの批判を避けようとした。庇護希望者に対して，船ではなく正規の経路での難民申請を促す思惑もあった。

　「マレーシアン・ソリューション」と呼ばれたこの2国間協定は2011年7月に結ばれたが，翌月には連邦最高裁が無効と判断し，さらに議会では野党の反対によって必要な法案が可決されなかった（Koleth 2012: 27-35）。

　政府の努力にもかかわらず，船で非正規に漂着した庇護希望者の数は2012年にはさらに増えた。第1章で述べたように，オーストラリアの難民や人道的見地からの受入プログラムでは，国外で庇護申請をし，ビザを交付されてから入国すること（オフショアでの申請）が基本方針であり，非正規

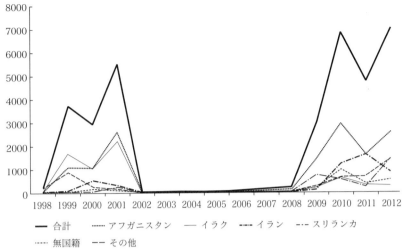

図 4-1　船による非正規入国での庇護申請件数

出典：EPAS（2012: 25）．

に入国した後に庇護申請すること（オンショアでの申請）はあくまでも特例の扱いである．しかしこの時期には，オンショアによる難民受け入れ数がオフショアでの難民などの受け入れ数を上回る異例の事態が生じた．この緊急事態に連邦政府が招集した専門家委員会は，2012 年 9 月に次のように提言した（EPAS 2012: 14-47）．

①船で非正規に入国する庇護申請者が，連邦政府が公式と定める国外で庇護申請する人よりも有利にならない原則（No Advantage Policy）を徹底する．

②バリ・プロセス（Bali Process）[2]などを通じて，船で非正規に渡航する庇護希望者を阻止する国際協調を強化する（とくにインドネシアやマレーシアとの協力を重視し，先述の「マレーシアン・ソリューション」についても肯定的だった）．

③庇護希望者のナウルやパプア・ニューギニアでの国外拘留については，船で非正規に入国しようとする人を抑える効果が期待でき，緊急措置

として認める。

④上記のような手段で船による非正規入国を抑止しつつ，国外で庇護申請した正規の難民の年間受け入れ数を拡大する。とくに，船による非正規入国者が経由することが多い，近隣の東南アジア諸国からの難民受け入れを拡大する。それにより，国外で正規の手続きを踏めば難民に認定されるという希望を庇護希望者は抱くため，危険な航海をしてまで非正規入国をしなくなるだろう。

ギラード政権はこれを受けて早速，①の No Advantage Policy の一環として，船で非正規に入国した後に難民と認定された人が，後から家族を呼び寄せるのを制限することにした。③については，先述した移住ゾーンからの除外地域を，オーストラリア全土に拡大した。これにより，オーストラリアのどこであろうと，非正規に上陸した庇護希望者は国外抑留施設に送ることができるようにした[3]。

そして④に従い，難民や人道的見地からの受入プログラムの年間受け入れ枠を 2011 年度の約 1 万 4000 人から 2012 年度には 2 万人に拡大し，そのうち正規のルートである国外の庇護申請を前年度の約 2 倍の 1 万 2000 人とした（DIAC 2012a: 15-16）。船で非正規に入国する庇護希望者の多くは，まず男性が危険を冒してオーストラリアに渡航し，ビザが認められれば後から家族を呼び寄せる。正規のルートで庇護申請しても，ビザが下りるまで何年も待たなければならないため，こうした賭けに出る人もいる。うまくいけば，正規の手順で待っている人よりも早くビザを得ることができる。メディアなどで「横入り（queue jumper）」と批判されたのはそのためである。家族の呼び寄せを厳しくして「横入り」を諦めさせ，正規の庇護申請の順番待ちの列に並んでもらう代わりに，正規の難民受け入れ枠を拡大して待ち時間を短縮するのが政府の狙いであった。

さらに東南アジア諸国との連携強化など，ギラード政権は状況を改善するべく努力を続けた（DIAC 2012a: 3-6）。しかし船による非正規入国の庇護希望

者は増え続け，2013 年 1～3 月の 3 か月間だけで 2011 年度を上回った。結局，2012 年度（オーストラリアの会計年度は 7 月から翌年 6 月まで）には前年をはるかに上回る人が船で非正規に入国し，庇護申請を行った。他の政治的争点も相まってギラード政権の支持率は低迷し，2013 年 9 月の連邦総選挙で敗北し政権交代するのは必至とみられた。

　労働党の窮地を打開すべく総選挙の直前の 6 月に首相に返り咲いたラッドは，パプア・ニューギニアとナウルの両政府の同意のもとに，オーストラリアに船で非正規入国した庇護希望者全員を両国の抑留施設に送り，難民として認定されたとしても，オーストラリアではなく両国が受け入れると発表した。2000 年代初頭にハワード政権が行った「パシフィック・ソリューション」でも，船で非正規入国した庇護希望者は同じように両国の施設に送られたが，難民として正式に認定されればオーストラリアに移住することができた。それと比較しても，第 2 次ラッド政権は船で非正規入国した庇護希望者がオーストラリアに移住する可能性を一切認めないという，きわめて強硬な姿勢をとった。

　第 2 次ラッド政権がこうした強硬策を打ち出した背景には，政権を争う野党保守連合が，やはり強硬策を提案していたことがあった。保守連合は，ギラード政権は弱腰であると非難し，自分たちが政権を奪回した暁には，軍隊を出動させて庇護希望者の乗った密航船を洋上で拿捕して追い返すとともに，国外における密航仲介業者の撲滅に取り組む「主権ある国境作戦（"Operation Sovereign Borders"）」を実行すると公約していた（The Coalition 2013）。つまり 2013 年の総選挙では，保守連合の強硬な庇護希望者政策に労働党がリベラルな対案を示すのではなく，どちらの庇護希望者政策がより厳格かを競い合う構図だったのである。二大政党制が比較的安定しているオーストラリアにおいて，それはどちらが政権をとっても庇護希望者政策は一層厳格になることを意味した。結局，9 月の総選挙で第 2 次ラッド政権は党勢を回復できずに敗北し，トニー・アボット保守連合政権が発足した。

3.「地域社会を活用した」抑留方式

　このように，ラッド＝ギラード労働党政権ではリベラルな庇護希望者政策への路線転換を図ったが，かえってハワード保守連合政権よりも厳しい制度になってしまった。こうした迷走ぶりに，政府の弱腰を非難する野党保守連合だけではなく，庇護希望者の受け入れを促す国内外の人権ロビーや難民支援団体からも非難の声があがった。一方，ラッド＝ギラード政権が展開した地域社会を活用した抑留方針は，政策の変化にかかわらず一貫して拡大していった。

　地域社会を活用した抑留施策は，すでにハワード政権期に導入されていた。同政権が庇護希望者をまるで犯罪者のように扱い，人権を軽視したことへの批判は強く，とくに子どもやその家族の入所期間が長期化したことが国内外で問題視された。そのため連邦政府は，より多様な対応が必要だと認識するようになった。まず未成年の庇護希望者は地域の宿泊施設や医療施設，矯正施設等に一時的に滞在できる制度が 2002 年に導入された。その後，「地域社会滞在型抑留施設（Community Detention）」が 2005 年に，「住宅型滞在施設（Immigration Residential Housing: IRH）」が 2006 年に，また，早急な国外退去が見込まれる人向けの「一時的宿泊施設（Immigration Transit Accommodation: ITA）」が 2007 年に導入され，各地に建設され始めた。

　さらにブリッジング・ビザ（bridging visa）が，船で非正規に入国した庇護希望者に対しても交付されるようになった。このビザを交付されると，抑留施設を出て地域社会で民間の借家に住むことができた。ブリッジング・ビザとは本来，すでにビザを持っている人が国内で更新を申請した際，手続きが完了する前にビザの期限が切れて非正規滞在とならないよう交付されるものであり，日本語では「仮滞在ビザ」と呼ばれる。しかし非正規入国者はもともとビザを持っていないので，かれらに交付されるブリッジング・ビザを「仮放免ビザ」と呼ぶことにする。非正規入国の庇護希望者に交付されたの

は，ブリッジング・ビザ E（Bridging Visa E: BVE）と呼ばれる仮放免ビザであった。なお後述するように，入国後に庇護申請する人（オンショア）には，船で非正規入国した庇護希望者だけではなく，合法的な一時滞在ビザで入国した後に庇護申請して永住ビザを求める人々もいる。この場合，その人のビザは仮滞在ビザに切り替わり，申請結果を待つことになる。非正規に滞在するわけではないので抑留施設に収容されないし，代替的抑留の対象にもならない。

　ハワード政権期では，代替的抑留を適用される非正規入国の庇護希望者はあくまでも例外であった。しかし労働党が政権をとると，2008年7月からは，人道的措置を強調して代替的抑留が原則となり，従来型の抑留施設には特殊な事情がある人だけ収容されることになった。そのため代替的抑留施設の増設や，仮放免ビザで地域に滞在する人々の支援を充実することが必要となった（IIDA/JSCM 2009: 9-12）。

(1)　住宅型滞在施設

　代替的抑留施設のうち，住宅型滞在施設はもともとある抑留施設の敷地内に建設された。従来型の施設が寮や刑務所のような建物だったのに対し，文字どおり一戸建ての住宅である。ここに入居できるのは，社会に与えるリスクが比較的低い，すなわち犯罪に手を染めたり逃亡する恐れのない，家族連れの庇護希望者であった。筆者が現地調査したシドニーのヴィラウッド地区にある施設では，入居者は運営を委託されたセルコ・オーストラリア社の職員が監視する範囲で，買い物や娯楽，子どもの学校への通学のために地域社会に出ることができた[4]。入居者には週70ドルが支給され，スーパーマーケットなどで買い物もできた。ただし，貯蓄は許されず，外部の支援者から金銭を受け取ってもいけなかった。子どもがいる場合は地域の学校に通わせ，保護者は子どもの送り迎えをしなければならなかった。

　このタイプの施設の入所者数は，比較的少なかった。アボット保守連合政権に代わる直前の2013年8月末時点で，住宅型滞在施設か一時的宿泊施設

に入居していたのは，全国で535人だった（うち住宅型滞在施設は122人）。政権交代後の11月末では，その数は475人（うち住宅型滞在施設が66人）となった（DIBP 2013a: 3-4）。

(2) 地域社会滞在型抑留施設

　地域社会滞在型抑留施設の導入には，キリスト教を中心とした宗教系非営利団体による，庇護希望者の待遇改善の働きかけが大きく貢献したといわれる（Wilson 2011）。ラッド＝ギラード労働党政権期に，地域社会滞在型抑留施設は次のように運営された[5]。それらは，オーストラリア赤十字社など13の団体が，移民省からの受託事業として設置と運営を担った。この事業受託団体はサービスプロバイダー（service providers）と呼ばれ，団体間のネットワーク（National Community Detention Network）も整備された[6]。なお，この13団体はいずれも移民・難民支援の豊富な実績があり，かねてより支援団体として社会的に評価されてきた。地域社会滞在型抑留施設の入居者や，後述する仮放免ビザ所持者の支援事業は，そうした団体を文字どおり「行政サービスのプロバイダー（実施業者）」として扱うものだった。

　従来型の抑留施設に収容された人のなかから，保護者のいない未成年者や子どもづれの家族，こころの問題を抱えている人など，比較的弱い立場に置かれた人々を移民省が選び，移民大臣に推薦した。許可が下りれば，保護者のいない未成年は地域社会滞在型施設のうち24時間ケアつきのグループハウスに送られ，同じ境遇の子どもたちと一緒に生活した。それ以外の者は事業受託団体の支援を受けながら施設に滞在した。地域社会滞在型抑留施設には市街地の民間住宅などが活用され，公営住宅は使えなかった。入居すると無断で転居できなかったが，行政職員が常時監視するわけではなかった。事業受託団体には入居者と定期的に接触して，移民省に報告する義務があった。

　だがここに入居した人も，従来型施設の入所者と同じように非正規滞在者であることに変わりはなく，ビザを持っておらず，就労の権利もなかった。一般市民向けの社会保障制度も利用できないので，事業受託団体が予算の範

囲内で基礎的な医療サービスを提供した。保護者は子どもを地域の学校に通わせる義務を負った。子どもが学校に通っているかどうか，事業受託団体が確認した。

庇護希望者にとって地域社会滞在型抑留施設は従来型の施設よりもはるかに快適であり，脱走者や重大な規則違反をおかす人は少なかったようである。2013年の連邦政府オンブズマンの報告書も，従来型に比べて入所者の精神衛生は良好であると評価した（Neave 2013: 114-120）。マスメディアでは，こうした施設を増やせば財政的な負担となり，低所得者向け住宅も足りなくなると批判する声もあった。だが，実際には入居者は通常の社会保障を受けられなかったし，低所得者層の利益を損なわないよう公営住宅は使っていなかった。

地域社会滞在型抑留施設への入所者数はハワード政権期には少なく，2005年度で76名，2006年度で143名，2007年度でも108名に過ぎなかった（IIDA/JSCM 2009: 23）。しかし先述のように労働党政権は代替的抑留を拡充し，2010年10月には，とくに地域社会型滞在施設の入居者を増やす方針を示した。保護者のいない未成年者と，配慮すべき事情を抱えた世帯は，原則として従来型の施設から地域社会滞在型の施設へ移されることになった。その結果，入所者は急激に増加し，2012年12月に2178人，2013年3月には2723人となった（Neave 2013: 111）。しかしその後は伸び悩み，労働党政権を通じて3000人台前半を維持した[7]。そのひとつの要因は，施設の増設が追いつかず，収容力が限界だったためと考えられる。

(3) 仮放免ビザ（ブリッジング・ビザE）

仮放免ビザであるブリッジング・ビザEは，従来型の施設に収容された庇護希望者のなかで，地域社会に出ても差し支えないと判定された人に交付された。このビザを交付されると，地域社会で暮らしながら庇護申請の結果を待つことになった。仮放免ビザの制度はハワード政権期にもあったが，適用者は2005年度に823名，2006年度に390名，2007-8年度には280名と減

少傾向だった (IIDA/JSCM 2009: 26)。

　2009年に公表された代替的抑留方式の導入に関する連邦議会の調査委員会報告書は，地域社会滞在型抑留施設ではなく仮放免ビザの交付を増やし，従来型の施設の入所者をできるだけ仮放免させるべきだとした。そのためにも，仮放免され地域社会に出た人々に十分な生活保障，医療サービス，情報提供や相談体制を整備すべきだと提言した (IIDA/JSCM 2009: 131-138)。これにより，他の方式に比べてコストの面でも効率的に，庇護希望者の人間性や尊厳を十分に尊重した処遇をすることができ，しかも連邦政府の移民・難民政策の評価も高まると述べた (IIDA/JSCM 2009: 131)。しかし先述のとおり，連邦政府は当初，地域社会滞在型の施設の拡充を優先した。

　しかし庇護希望者の急増にともない，全国の従来型施設は軒並み満杯となり，これ以上受け入れるのは困難になった (Neave 2013: 53-54)。地域社会滞在型の施設を拡充しても，到底賄える数ではなかった。そこで労働党政権は2011年11月から，従来型抑留施設にいる庇護希望者に対して仮放免ビザを交付する措置を推進した (Koleth 2012: 36)。こうして2012年6月末までの半年あまりで2741人に仮放免ビザが交付された (DIAC 2012a, b)。移民省によると，その後も毎月100人以上に交付された (Koleth 2012: 40)。その結果，2013年9～11月頃には2万人強となった[8]。2013年7月に仮放免ビザの交付は停止され，船で非正規入国した庇護希望者は国外の抑留施設に送られることになった (DIBP 2014b)。しかし国外の施設の収容定員が少なく，2014年度末の時点でも約3万人，2016年12月末の時点でも約2万5000人の仮放免ビザ所持者が国内に滞在していた[9]。

　仮放免ビザを交付された人が就労できるかどうかは，ビザを取得した時期によって異なった。2012年8月13日以前に非正規に入国した庇護希望者が仮放免された場合，就労が許可される可能性があったが，実際には移民省の裁量で決定された (IIDA/JSCM 2009: 30)。2012年8月13日から，仮放免ビザの交付が停止された2013年7月19日までに入国した庇護希望者は，仮放免が認められても就労できなかった。その結果2013年9月時点で，2万

1000人以上の仮放免ビザ所持者が就労を許可されないまま地域社会に滞在しているという報道もあった（AHRC 2013b: 13）。

　仮放免ビザでは，地域社会滞在型抑留施設に入所するのとは異なり，居住地を自由に選べたが，逆にいえば自分で住まいを探さねばならなかった。しかも，公営住宅への入居は認められず，転居する際は移民省に届け出なければならない（DIBP 2013c）[10]。いったん出国して再入国することや，国外から家族を呼び寄せることは認められなかった（AHRC 2013a: 2）。

　保護者のいない未成年者，子どものいる世帯，心身に問題を抱えた人は地域社会滞在型抑留施設に優先的に入所したため，仮放免ビザを交付された人の大多数は独身男性であった。2012年には，その8割以上が失業状態だと推定された（Koleth 2012: 41）。それゆえ，仮放免ビザ所持者への支援が，政府からの委託事業として実施された。オーストラリア赤十字社などの事業受託団体はかれらと定期的に接触し，資格外就労を防止し，移民省に毎月報告する義務があった。資格外就労を防止することは，正規のルートで庇護申請する人よりも早く入国した仮放免ビザ所持者が，働いてお金を稼いで得をしないという点で，先述したNo Advantage Policyに適うものでもあった。

　仮放免ビザが交付されると公的な医療制度を受けられたが，その他の社会保障制度は利用できなかった。しかし労働党政権期には，庇護申請してから6週間は仮住まいが提供され，福祉給付を担当するセンターリンク（第2章参照）から，一般市民の生活保護費の89％に相当するお金が生活費として支給された。支援事業受託団体からは，民間住宅の契約・入居手続きなど，地域社会で暮らすための助言が受けられた。ケースワーカーが必要だと判断すれば，「庇護希望者支援制度（Asylum Seekers Assistance Scheme: ASAS）」や「コミュニティ支援プログラム（Community Assistance Support Program: CAS）」が適用され，引き続き同額の生活費が支給されるほか，事業受託団体の準備した住居や医療サービス，カウンセリングなどが受けられた[11]。ただし事業の予算は決して潤沢ではなく，バックパッカー用の安宿を利用したり，倉庫を改造してホステルとした施設もあった。仮放免ビザ所持者を地域の活動に参加さ

せ，住民との交流プログラムを実施する団体もあった。

4．人道的措置からコスト削減策へ

　先述したように，代替的抑留によって庇護希望者を地域社会に滞在させるこの施策は，施設に全員収容して自由を奪うそれまでの方針に比べて人道的だとみなされた。施設を出ると庇護希望者がホームレス化するのではといった懸念もあったが，難民高等弁務官事務所（UNHCR），オーストラリア人権委員会（Australian Human Rights Commission），オーストラリア難民協会（Refugee Council of Australia: ROA）といった国内外の団体は，人権擁護の観点から代替的抑留を支持した（Koleth 2012: 36; AHRC 2013a)[12]。労働党政権も当初は，地域社会を活用した抑留施策が庇護希望者の人権を守るためのもので，そのために必要な待遇を政府が責任を持って保証することを強調した。業務委託によるコスト削減にも言及したが，それはあくまでも二義的な目的とされた（IIDA/JSCM 2009: 140-141）。

　しかし，船で非正規入国する庇護希望者が急増するにつれ，かれらの人権を保障するための取り組みという当初の目的を，政府は次第に強調しなくなった。オーストラリア市民でもない密航者に，国の予算を過剰に費やして住居や生活の支援をしている，という野党やメディアの批判も影響した。第1章で述べたように，ハワード政権が受けた批判を教訓に，従来型の抑留施設の居住環境はコストをかけてある程度改善された。しかも船で非正規に入国する庇護希望者が急増し，収容しきれないほど入所者が増えると，施設の運営コストはさらに上昇した。移民省から民間警備会社への，従来型抑留施設の運営に支払う事業委託費が大幅に増加したとメディアによって批判された。また船で非正規入国した庇護希望者も，人権を保障され快適な暮らしを送っているというイメージが海外に伝われば，さらなる密航を誘発しかねなかった。その点，地域社会を活用した庇護希望者抑留施策は従来型施設の収容者を減らして経費を抑えられるので，連邦政府にとっても好都合であった。

それゆえ労働党政権は，地域社会を活用した庇護希望者抑留方式が，従来型の施設に比べてコストが安いと強調することで，自らの政策の正当化を図った。2012年9月に公表された専門会委員会の報告書（先述）は，従来型の施設を維持するよりも民間・非営利セクターに事業委託するほうが「安上がり」であると提言した（EPAS 2012: 39）。また移民省は，地域社会を活用した抑留方式は，地域社会滞在型抑留施設の整備などの初期投資がかかるものの，その後は従来型の施設よりも安上がりである。とくに仮放免ビザを活用することで，年間数百万ドルを節約できると主張した（Koleth 2012: 42-47）。そして，それが一般の社会保障制度に負担をかけていないことも強調した。

　仮放免ビザの交付が「安上がり」な施策であるという政府の見解は，それを支持して事業の一端を担った支援団体・人権団体にも概ね共有されていた[3]。しかし，本当に安上がりなのかどうかは議論の余地がある。確かに移民省の負担は減るが，たとえ地域社会にいても，仮放免ビザを交付された庇護希望者の大半が就労できない。それゆえNSW州とヴィクトリア州の両政府は，仮放免ビザ所持者の増加に懸念を表明した。連邦政府が十分な支援もないままかれらを地域社会に放置すれば，保健衛生や教育，治安維持，福祉などの面で，仮放免ビザを持つ人が集中する両州の負担が増えるのは目に見えていると非難したのである。これに対して連邦政府は，仮放免ビザ所持者の医療は国が対応すること，公営住宅には入居させないこと，特定の地域に施設が集中しないように配慮することとし，両州政府の不満を和らげようとした（Koleth 2012: 50-52）[14]。

　しかし筆者の現地調査では，仮放免ビザ所持者の存在が州や自治体の負担となっている様子が伺えた。たとえばシドニー北部では2012年の後半から，支援事業受託団体が仮放免ビザ所持者のために民間の住宅を借り上げたため，地域社会に滞在する庇護希望者が急増した。その大半は十分な支援を受けられず，就労の権利もなく長期間滞在することになった。中間層以上の住民が多いシドニー北部では非白人移住者といっても，仮放免ビザを持つ庇護希望者とは境遇も価値観も違いすぎるため，同胞の援助も受けづらい。その結果，

仮放免ビザ所持者の支援が本来業務ではない，州政府の予算による移住者支援事業を行う団体が，支援をせざるをえなくなった。仮放免ビザ所持者の子どもが通う公立学校（オーストラリアでは初中等教育は原則として州政府の管轄である）も，かれらの支援のために負担を強いられたという[15]。

5. 地域社会に放置される庇護希望者

　仮放免ビザ所持者には先述のような公的支援があるはずだったが，実際には決して万全ではなかったようだ。筆者が聞き取りを行った，連邦政府に委託されてNSW州全域で庇護希望者の支援をしていた団体は，移住者支援団体としては大規模であり，300名以上の職員を擁していた。2013年9月時点で8000人の仮放免ビザ所持者を支援していたが，その前月の1か月間だけで，従来型の施設から仮放免された約800人が新たにこの団体の支援を受けることになったという。しかも仮放免ビザ所持者の支援を請け負っていた団体は，NSW州内ではここを含めて2つしかなかった[16]。

　だが，こうした仮放免ビザ所持者よりも深刻な状況に置かれていたのが，「飛行機でやってきた庇護希望者」である。第1章で述べたように，かれらは正規の一時滞在ビザで合法的に入国した後に庇護申請をした人々である。それゆえ抑留施設に入ることなく，仮滞在ビザを交付されて地域社会で申請結果を待った（DIBP 2013a: 6）。ハワード政権期でも年間3000人ほどがいた（図4-2）。

　筆者の調査によれば，ハワード政権期でもかれらは十分な公的支援を受けずに，多くの人が経済的に苦しかったり精神状態に問題を抱えていた[17]。そのような状況は，労働党政権になってもほとんど変わらなかった。図4-2からもわかるように，2007年の政権交代以降，飛行機でやってきた庇護希望者は増加したが，船で非正規入国した庇護希望者と異なり，世間の注目を集めることは少なかった。合法的なビザで入国し，多くの人が少なくとも形式的には就労資格を持っていたのが，支援の必要が認識されない一因であった。

図4-2 飛行機でやってきた庇護希望者の件数

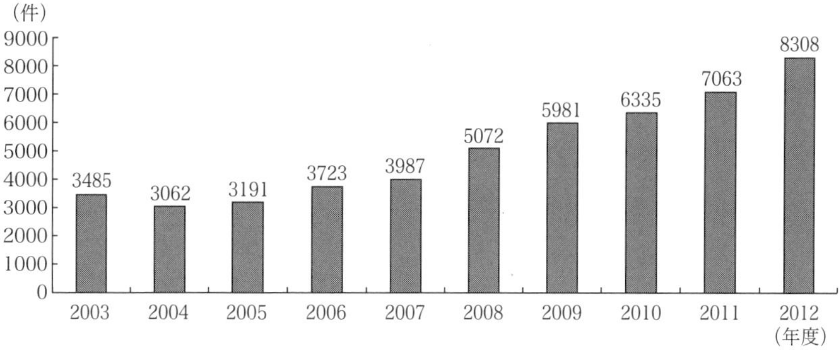

年度	件数
2003	3485
2004	3062
2005	3191
2006	3723
2007	3987
2008	5072
2009	5981
2010	6335
2011	7063
2012	8308

出典：DIBP（2013b: 6）．

　しかし就労資格があっても，英語があまりできずオーストラリアでこれまで働いた経験のない人が職を見つけることはきわめて困難であった。また，一般の新規移住者が無料ないし低額で受けられる公的な英語教育プログラムも受講できなかった。公営住宅にも入居できないため，多くの人々がホームレスになる脅威にさらされていた（Bottrill 2012）。

　そのうえ飛行機でやってきた庇護希望者は，船で非正規入国した庇護希望者に向けた公的支援の対象にもなっていなかった。かれらを支援する団体は活動の経費を寄付などの自主財源に依存し，規模もごく小さかった。その結果，シドニーとメルボルンに集中していたかれらの大半は，ほとんど何の公的支援もないまま地域社会に放置されていたという証言もある（Bottrill 2012）[18]。

6．統治としての放置

　仮放免ビザ所持者や飛行機でやってきた庇護希望者に対する労働党政権の対応からは，地域社会を活用した抑留方針は庇護希望者にとっての「解放」だという見方が一面的であったことがわかる。もちろん，地域社会はかれらが解放されるべき場所でもありうる。しかし本書で繰り返し述べてきたよう

に，地域社会，すなわちコミュニティには，人々を統治するために活用される手法としての側面もある。地域社会を活用した庇護申請者抑留施策は，従来型施設の運営を民間委託するほか，地域社会で活動する非営利団体を「サービス提供業者」として組織化し，政府の代わりに庇護希望者を管理させる「コミュニティを通じた統治」の側面があった。

そして本章の事例研究は，こうした「コミュニティを通じた統治」が行政コストを削減するために活用される際に，どのようなことが起こりうるのかを示唆する。居住環境が改善された従来型の抑留施設や，労働党政権がまず拡充を目指した地域社会滞在型の施設には，庇護希望者の移動の自由を制限する代わりに，かれらの生存と尊厳の維持に必要な住居と生活支援を一定のコストをかけて公的に保障するという側面があった。それに対して仮放免ビザ所持者や飛行機でやってきた庇護申請者は，移動や居住地を選ぶ自由を若干認められる代わりに，住まい探しの困難，そして不十分な支援や身分保障のもとで地域社会に自己責任で滞在するよう強いられた。地域社会は，庇護希望者を「放置」というかたちで「安上がりに」統治する場所として，活用されていたのである。

注
1) 本節の内容については塩原（2013c）も参照。
2) 2002 年に発足した，密航の仲介や人身売買等の国際犯罪に対処する国際的な枠組みであり，40 以上の国家と UNCHR，IOM などの国際機関が加盟している。オーストラリアはインドネシアとともに共同議長国を務める（http://www.baliprocess.net/）。
3) "Labor caucus accepts move to excise mainland from migration zone," *Brisbane Times*, October 30, 2012.
4) 2013 年 3 月 15 日に訪問し，施設の概要について公式説明を受けた。
5) 以下の記述には，連邦移民省職員への聞き取り（2013 年 3 月 5 日に実施）から得られた情報も反映されている。
6) 13 団体は以下のとおりであった（DIBP 2014a）。Australian Red Cross, Life Without Barriers, Anglicare, Adult Multicultural Education Services, Wesley Mission, ACCESS Community Services, Lentara Uniting Care, Mercy Community Services, the Salvation Army, Multicultural Development Association, MacKillop Family Service, Marist Youth Care, Mercy Family Services.

7) DIAC（DIBP）*Immigration Detention Statistics Summary* 各月より。
8) DIAC（DIBP）*Immigration Detention Statistics Summary* 各月より。
9) DIBP, *Illegal Maritime Arrivals on Bridging Visa E* 各月より。
10) 以下の記述には，連邦移民省職員への聞き取り（2013 年 3 月 5 日実施）から得られた情報も反映されている。
11) こうした措置については，アボット政権以降見直しが行われた。
12) 難民支援団体 A 幹部からの聞き取り（2013 年 3 月 14 日実施）。ただしその場合でも，多くの仮放免ビザ所持者が就労許可のない状態で地域社会に長期間滞在し続けることは人権侵害であると批判された（AHRC 2013a: 4-13）。
13) 同上。
14) この記述には，連邦移民省職員への聞き取り（2013 年 3 月 5 日実施）も反映されている。
15) 支援団体 B 関係者からの聞き取り（2013 年 8 月 5 日）。
16) 支援団体 C 関係者からの聞き取り（2013 年 9 月 12 日）。
17) 支援団体 D 関係者からの聞き取り（2007 年 2 月 9 日実施）。
18) 支援団体 E 関係者からの聞き取り（2013 年 3 月 12 日実施）。

第5章

選別と空間的管理の行方
技能移民と非熟練・半熟練労働者の受け入れ

1. 永住・長期滞在技能移民の増大

　前章で検討した庇護希望者政策では，こちらが来てほしいわけではない人々が国境を越えて流入してくる現状を前に，どのような人々をどこまで受け入れ，どう管理するのかが問題となる。かつてガッサン・ハージは，非－白人移民を管理されるべき客体と位置づけることで，白人オーストラリア人はみずからの主体性を確認しようとしており，これは「白人の優位性という幻想」にほかならないと指摘した。密航仲介業者に手引きされ古ぼけた船で海を渡ってくる非－白人という，メディアが強調する庇護希望者のイメージは，白人の自己イメージを追認する恰好の材料であった。だがハージは庇護希望者が大きな問題となる直前の1998年の著作で，白人の優位性はもはや幻想であり，現実には白人住民と肩を並べて活躍する非－白人がすでに定着しつつあると喝破していた。それは白人オーストラリア人が文化的多様性を消費し，活用し，管理する「もつことの多文化主義（multiculturalism of having）」から，社会の主体的構成員そのものが多様な「あることの多文化主義（multiculturalism of being）」への変化だった（ハージ 2003）。

　このようなハージの主張は，ハワード政権末期の2000年代半ばに筆者が

石井由香らと行った共同研究でもその妥当性が確認された（石井・関根・塩原 2009）。アジア系（とくに華人系）専門職移民はオーストラリア社会で着実に台頭しており，高い学歴・スキル・英語能力などを活かして，ビジネスや医療，研究職などの分野で存在感を強めていたのである。本書が主な分析対象とする 2007-13 年の労働党政権期では，そうした状況はさらに進んでいた。

　第 1 章で述べたように，オーストラリアの移住者受け入れは，難民や人道的見地からの受入プログラムと，それ以外の移民受入プログラムに大別される。後者はさらに，技能移民と家族移民に分けられる（表 1-1 参照）。技能移民とは，本人あるいは世帯主がオーストラリア経済に資する技能・資質・経歴をもつと認められるか，国内の企業等がスポンサーとなることで，永住ないし長期滞在ビザを得た人々をいう（なお，技能移民の世帯主とともに移住する家族は，技能移民の数に算入される。世帯主が先に移住した後に，母国から呼び寄せられた家族が家族移民である）。オーストラリアでは国勢調査は 5 年に 1 度実施されるが，2011 年調査の回答者のうち，前回調査以降に移住してきた約 50 万人の 57.5％が技能移民であった（図 5-1）。新規移住者の学歴は大学学部卒レベルが 31.8％，大学院卒レベルが 13.5％で，技能移民に限ればそれぞれ 37.2％，17.3％であった（DIBP 2014c: 11）。そして全体の 56.3％，技能移民に限れば 63.5％が，オーストラリア統計局の定義する「技能を要する職業（skilled occupation）」に入国後従事していた（図 5-2）。2006-2014 年度に永住技能移住ビザを交付された人の出身地はインド，英国，中国の上位 3 か国が約半分を占め，上位 10 か国のうち 7 か国がアジア諸国であった（図 5-3）。

　ジョン・ハワード保守連合政権は 1996 年に，国内の雇用者が雇用を保証すれば 3 か月から 4 年間滞在できる，長期一時滞在技能ビザ（いわゆる 457 ビザ）を創設した。これにより，従来の永住ビザに加え，労働市場のニーズに柔軟に対応できる非－永住技能労働者の導入が 2000 年代前半に増大した（MCA 2013: 38-47）。457 ビザを所持して滞在する技術労働者は，第 1 次ラッド政権が発足した 2007 年度には 10 万人を超え，第 2 次ラッド政権からアボ

図 5-1　2006-2011 年のビザ別新規永住移住者数（人）

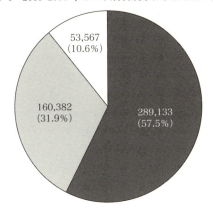

出典：DIBP（2014c: 9）より筆者作成。

図 5-2　2006-2011 年の新規移住者のうち「技能を要する職業」に従事する者の割合（％）

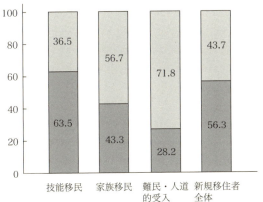

※ 2011 年国勢調査データより
出典：DIBP（2014c: 14）より筆者作成。

第 5 章　選別と空間的管理の行方　99

図 5-3 2006 年度から 2014 年度に永住技能移住ビザで入国した人々（出身別，%）

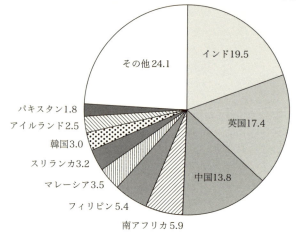

出典：DIBP, *Historical Migration Statistics* より筆者作成。

図 5-4 長期滞在技能ビザ（457 ビザ）による滞在者数（各年 6 月末時点）

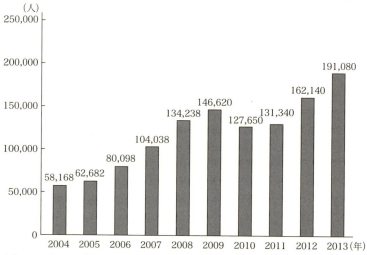

出典：DIBP（2014c: 21）．

ット保守政権に交代する直前の2013年6月には約19万人に達した（図5-4）。457ビザ取得者の出身地は，2008-12年度は英国とインドが1位と2位で，両国だけで全体の4割を占めた。2012年度にインドが英国を逆転して第1位となった。その職業は，2008年度では看護師，コンピュータ技術者，ビジネス・情報の専門家などが多かった。しかし2012年度になると建設業に就く人が増え，医療・介護，ホテル・飲食，情報メディア・テレコミュニケーションといった分野が続く。こうした変化は，後述する制度改革によって457ビザが半熟練労働力不足の部門の補完にも活用されだしたことにも一因がある[1]。

2. グローバルな多文化的ミドルクラス

日本では，技能移民は「高度人材」あるいはグローバル・エリートと同一視されがちである。なかでもワールドクラスの業績や能力があったり，大きな資産のある人には，さまざまな特典付きの永住・長期滞在ビザを付与する国家も多い。それはたとえばオリンピックでメダルが期待される人に，その国の市民（シティズン）になってほしいと勧誘するようなものである。そのような意味を込めて，世界的に広がっているこうしたエリート優遇の風潮を「オリンピック・シティズンシップ」と呼ぶ研究者もいる（Shachar and Hirschl 2015）。

オーストラリアの移民受入プログラムでは，グローバル・エリートを誘致するために「卓越した人材（Distinguished Talent）」ビザと，高額投資者を優遇する「重要な／プレミアムな投資者（Significant / Premium Investor）」ビザがある。前者は「高度人材」ビザとも意訳できるが，日本で一般に言われる「高度人材」よりもさらに高いレベルを指すという意味で，本書では「卓越した人材」と訳す。これは永住技能移住ビザの一種であり，「国際的に知られた特別な記録や際立った業績をあげた専門家，スポーツ選手，芸術家，研究者」などに交付される（DIAC 2013b: 58-59）。2012年11月に導入された「重

要な投資者」ビザは，長期滞在者としてオーストラリアに4年間暮らす間に500万豪ドル以上投資すると永住権を取得できる（塩原 2017a: 92）。さらに2015年度に新設された「プレミアムな投資者」ビザでは，オーストラリアに1年間居住し1500万豪ドル以上投資すると永住権が取得できる。「卓越した人材」ビザは，2006年度以降毎年100-200件交付されている（DIBP 2016: 10-20）。「重要な投資者」ビザは，2017年1月までに累計1721件が交付された[2]。

　このような特別な制度で誘致される人をグローバル・エリートと呼ぶのであれば，技能移民の大半はそれには該当しない。かれらはプライベート・ジェットや豪華クルーザー，何台もの高級車を所有して世界中を飛び回る「スーパー・リッチ」（Featherstone 2014: 99-135）ではないし，オリンピックメダルやノーベル賞の受賞者でもない。しかし突出した経済力や人的資本をもたない人でも，国境を越えて移動しやすくなるのがグローバリゼーションである（石井・関根・塩原 2009）。かれらはエリートというよりも，「ほんもののエリートになりたい人々」，すなわち渋谷望のいう「ミドルクラス」とみなすべきであろう。渋谷によれば，ミドルクラスとは実体的な人口集団というよりは，「学校で勉強し，高等教育を受け，就職活動をうまく切り抜け，昇進のために仕事に励み，スキルアップをする」ことによって，労働者階級より上の豊かな暮らしを実現したいという価値観を内面化した人々である（渋谷 2010: 18）。かれらは「資本による労働力の商品化の圧力に対して，「個人単位」の上昇志向によって対応しようとする戦略を採用する人々」なのだ（渋谷 2010: 54）。そして国境を越えて移動することによってこうした社会的上昇を達成しようとするのが，「グローバル・ミドルクラス」である。

　かれらが増えると，受け入れた国民社会はより文化的に多様となる。ただしそれは労働者・下層移民がもたらす多様性とは異なり，高度消費社会とミドルクラス的価値観を前提としている（塩原 2010: 85-89）。実際に他国に移住することで，現地社会における文化的に多様な住民の一人となったグローバル・ミドルクラスを，筆者は「グローバルな多文化的ミドルクラス（Global

Multicultural Middle Class: GMMC)」と呼んでいる (塩原 2015a)。

3. 供給主導から需要主導へ

ハワード保守連合政権以降、オーストラリアは技能移民を優先して受け入れる方針を明確にしてきた (塩原 2005)。移住者の受け入れに際し、経済的国益をますます重視するようになったためである (第1章参照)。その傾向はラッド労働党政権でも変わらず、むしろグローバルな競争に勝ち残るため技能移民をさらに受け入れる方向へ改革を進めた。

国際比較でいうと、1990年代前半までのオーストラリアの技能移民受入政策は、「供給主導 (supply-driven)」型の傾向が強かった。供給主導型とは、移住を希望する人は、政府が定めた基準を満たしさえすればその国に移住する権利を獲得できるという意味である。具体的には、年齢、英語能力、職歴、学歴、資格などを数値化したポイント・テスト (第1章参照) に合格した人であれば、「独立技能移住 (skilled independent)」という永住ビザをもらうことができた。技能移民の多くをこのタイプが占めているのが、1990年代以降のオーストラリアの特徴であった (Cully 2011: 4)。供給主導型だと、永住ビザを交付された移住者が実際にどのような職業選択をしてどこに住むのか、政府が管理することは難しい (浅川 2012)。完全に管理しようとすれば、いったん永住ビザを交付された者の自由を制限することになるからである。またポイント・テストに合格しても、1年当たり移住できる人数に制限があるので、永住ビザを得るために何年も待たされることが珍しくなかった。

しかし1990年代半ば以降、こうしたポイント・テストを経た永住ビザではなく、国内の企業や自治体が移住後の雇用先を保障する (スポンサーとなる) ビザで入国する技能移民が増え始めた。移民労働者を雇用したい側が主導権を持つという意味で、このような受け入れ方は「需要主導 (demand-driven)」型と呼ばれる。需要主導型では、最初から永住ビザが交付される (永住移住) のではなく、457ビザのような期限付きの長期一時滞在ビザでい

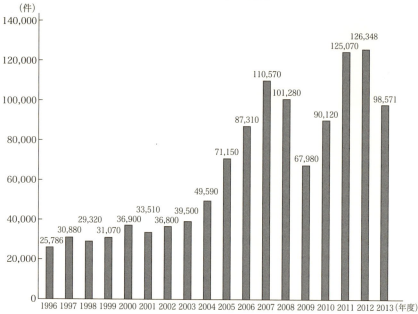

図 5-5　457 ビザ交付数の推移

出典：Phillips et al.（2010: 14）；DIAC（2013a）；DIBP（2014e）より筆者作成。

ったん入国し，何年か働いたら永住ビザを申請する権利が得られる場合が多い。米国の技能移民政策は需要主導型の典型とされるが，近年ではオーストラリアやカナダのようなポイント・テストを重視した供給主導型とされてきた国々でも，国内労働市場のニーズにより正確かつ迅速に対応するために需要主導型の制度を一部導入する傾向が強まっている（小井土 2017）。

　オーストラリアでは，2007 年からの労働党政権期に需要主導型への移行に拍車がかかった。大きな契機となったのは，2008 年の世界経済危機であった。その影響で，457 ビザの交付数は大きく落ち込んだ（図 5-5）（DIAC 2009: 69）。そこでラッド政権は，景気や労働市場のニーズに迅速に対応するために，需要主導型の技能移民受入を進めたのだった（Phillips and Spinks 2012: 5）。457 ビザで長期一時滞在労働者の活用を図るとともに，2009 年 1

図 5-6　永住技能移住ビザ交付数のうち独立技能移住が占める割合

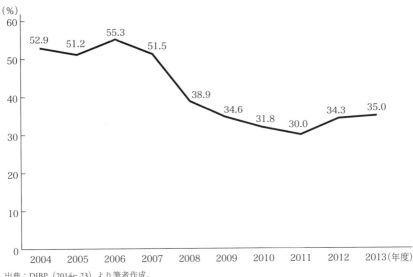

出典：DIBP（2014e: 23）より筆者作成。

月からはスポンサー付きビザによる永住技能移住が，独立技能移住ビザよりも優先されることになった。2010 年 2 月には，独立技能移住ビザに代表される，ポイント・テストによる技能移住ビザ（General Skilled Migration: GSM．「ポイント・テスト移住」とも呼ばれる）の交付を待っていた 2 万人分の申請が却下された。ポイント・テスト移住ビザの交付枠自体も縮小され，スポンサー付永住ビザに振り替えられた（Phillips and Spinks 2012: 4; DIAC 2010: 5）。その結果 2009 年度以降，純粋な供給主導型ビザといえる独立技能移住ビザの交付数は技能移民全体の 3 割程度となり，需要主導型のビザが大勢を占めた（図 5-6）[3]。

　一方，457 ビザの交付が増えたハワード政権末期には，457 ビザ労働者の劣悪な賃金・労働条件や，国内労働者の雇用環境への悪影響が批判された（Phillips and Spinks 2012: 10-11）。そこで労働党政権は 457 ビザ労働者の最低賃金を引き上げるとともに，このビザによって国外から労働力を導入しようと

する雇用者に，地元の労働者の雇用や職業訓練を適切に行うよう義務づけた。こうした条件を満たした優良な雇用者に限って，国外労働者を雇用するために 457 ビザを利用しやすくした。とくに人手不足が深刻な資源・建設・観光産業などでは，457 ビザ労働者の導入を促すため制度を改正した（ERG 2008; Phillips and Spinks 2012: 11-12; MCA 2013: 48-59; DIBP 2014d: 13）。世界経済危機の後，いったん減少した 457 ビザの交付数は 2010 年度からすぐに増加に転じ，労働党政権末期の 2012 年度末には過去最高を記録した（図 5-5）。

　457 ビザ労働者の増加には，もうひとつ重要な意味があった。先述したように，供給主導型の技能移民受け入れでは，ポイント・テストに合格した人には最初から永住ビザを与えるのが原則だった。しかし 457 ビザでいったん長期一時滞在者として入国し，何年か働いた後にスポンサーである雇用主の同意を得て永住ビザに切り替えるという，米国などで見られる需要主導型の経路が，オーストラリアで永住権を得るための経路として定着したのである（DIAC 2008: 68）。

4. 選別の技術の高度化

　こうして技能移民の受け入れの需要主導型への転換が進んだが，改革は典型的な供給主導型ビザであるポイント・テスト移住（GSM）にも及んだ。ポイント・テストでは，年齢，英語能力，学歴や資格などの移住希望者の資質が審査対象となる。しかし，それだけでは国内労働市場が求める人材を臨機応変に選別できないため，人手が不足している職種に関連する資格や学歴などを持つ人の点数が高くなるように，ポイントの項目や比重の変更が定期的に行われた。それには，その時々で優遇されるべき職種をリスト化し，定期的に更新するやり方がとられた。こうした仕組みはハワード政権以前からあったが，労働党政権期の 2009 年には大幅に変更されたリストが導入された（DIAC 2008: 37, 2009: 39）。しかし同時期に発生した世界経済危機を契機に，移民省はポイント・テストの対象となる職業を限定した新たなリスト

(Skilled Occupation List: SOL）を 2010 年度から適用した。従来のリストは 2 年に 1 度，労働市場の変化に合わせて更新されていたが，新たなリストは新設された独立機関（Skills Australia）が労働市場や経済の動向にあわせ毎年見直すことになった（DIAC 2010: 42, 53, 2011: 41; Phillips and Spinks 2012: 4）。

2011 年度には，ポイント・テストの制度に大きな変更が加えられた（DIAC 2012c: 66; Cully 2011: 4-5）。新たな制度では，ビザ申請者はリストに掲載されたいずれかの職業に就く意向を表明したうえで，実際にその職業の実務経験が何年あるかという実績が問われるようになった（DIAC 2012d: 9）[4]。特に，オーストラリア国内での就業経験がより重視されるようになった（浅川 2012: 82-83）。

2012 年度には，供給主導型から需要主導型への転換を後押しする重要な制度と移民省が位置づけた「スキルセレクト（SkillSelect）」の運用が始まった。これは移住を希望する人がインターネットを通じて，自分自身の情報を登録するデータベースである。先述のように，従来のポイント・テスト移住の制度では，テストに合格しても実際に永住ビザを得るまでに何年も待たなければならなかった。しかしスキルセレクトによって，連邦政府や州政府，民間企業などは合格者の詳細な情報を把握し，需要側のニーズ（あるいは移民省のいう「オーストラリアの国益」）に適う人を招待して，優先的にビザの交付手続きをさせることができるようになった（スキルセレクトの登録自体はビザの交付申請手続きではない）。移民省によれば，これにより永住ビザを取得するまでの期間も短縮された。スキルセレクトは着実に運用実績を拡大し，2012-13 年度にはポイント・テスト移住ビザを交付された人の約 39％が，スキルセレクトを通じて申請した（DIAC 2013b: 97）。なおポイント・テスト移住のうち独立技能移住ビザの取得を希望する者は，スキルセレクトに必ず登録しなければならなかった。

このようにスキルセレクトは，独立技能移住をはじめポイント・テスト移住の制度を，より需要重視型に近づける改革であった。しかしマーク・カリーによれば，労働党政権は職業リストとポイント・テストによる選抜方法で

は，市場のニーズに迅速に応えるには限界があると認識するようになったという（Cully 2011: 4-5）。確かにこの方法では，移住者がビザ取得後に，連邦政府が望んだ職業にずっと従事させることは難しい。それゆえスキルセレクトの導入にもかかわらず，ポイント・テスト移住はますます技能移民受入プログラムで重要性を低下させた。代わりに移民省は，スポンサー付き永住ビザと457ビザを二本柱とみなすようになった（DIAC 2012c: 52）。

5. 地方への技能移民の導入促進

　オーストラリアの総人口の6割以上は各州の州都に住んでいる[5]。他の工業都市などを含めれば，人口の大半が都市部に集中する。それゆえ，地方は労働力不足に悩まされてきた。一方，新たに入国する移民は，シドニーやメルボルンを擁するNSW州とヴィクトリア州に集まる傾向がある（DIBP 2015: 9）。それゆえ，移民労働力を地方にどのように導入するかが，長年の懸案とされてきた（Phillips and Spinks 2012: 13）。

　ラッド＝ギラード労働党政権が進めた，供給主導型から需要主導型への技能移民受入制度改革は，この問題に新たな展開をもたらした。需要主導型であれば，スポンサーとなる企業や自治体に条件を課すことで，移民に地方での就労を義務づけるのが容易だからである。

　具体的には，政府はふたつの制度を活用し，技能移民を地方へ誘導しようとした。ひとつは，「スポンサー付き地方移住制度（Regional Sponsored Migration Scheme: RSMS）」である。この制度自体は1995年度からあり，地方（ラッド＝ギラード政権当時はゴールドコースト，ブリスベン，ニューカッスル，シドニー，ウーロンゴン，メルボルン以外の地域と定義された）の雇用者がスポンサーとなって移民労働者は最低2年間就労する。それを満了すると，永住ビザが取得できる制度だった（Phillips and Spinks 2012: 13-14）。スポンサー付き地方移住制度には，移民にいったん457ビザを取得させ，長期一時滞在者として働かせた後に永住ビザに切り替える方式と，最初から永住ビザを取得

させる方式とがあった[6]。なお，この制度は先述のスキルセレクトの導入とともに，2012年度に一部変更された。

ふたつめは，「州限定・地方移住促進制度（State Specific and Regional Migration: SSRM）」であった。これはひとつの制度のことではなく，スポンサー付き地方移住制度，ポイント・テスト移住（GSM）に含まれるいくつかのビザ，ビジネスイノベーション・投資（Business innovation and Investment: BII）ビザなど，技能移民に地方移住を促す機能を持ついくつかのビザの総称である（Phillips and Spinks 2012: 13-14; DIAC 2009: 42; DIBP 2015: 15）。このうちビジネスイノベーション・投資ビザは，従来のビジネス移住ビザを改訂して2012年度に新設された。これは中小規模のビジネスを起業する移住者に永住ビザ，あるいは永住ビザへの切り替えが可能な長期一時滞在ビザを交付するものである（DIAC 2013b: 58）。スキルセレクトの導入後は，州政府や地方の雇用者はデータベースから望ましい人材を選び，地方への移住を前提にビザ申請に招待できるようになった（Phillips and Spinks 2012: 14-15）。つまり移住希望者には，地方での就労と引き換えに早くビザが交付されるという選択肢がもたらされることになった。

ラッド=ギラード政権下ではこれらの制度が積極的に運用された。スポンサー付き地方移住制度が技能移民ビザ全体に占める割合は2008年度から増大し，2012年度には約16％となった（図5-7）。州限定・地方移住促進制度に含まれるビザを交付された技能移民も増加し，2012年度には約40％に達した（図5-8）。

こうしてスポンサー付き地方移住制度や州限定・地方移住促進制度，スキルセレクトの導入により，ビザの早期取得と引き換えに地方への就労を移住希望者自身が選択するという経路が確立した。新たに移住した人が，移民定住支援制度や公共インフラも十分ではなく，また移民同胞のつながりも少ない地方で最低数年間働かなければならない心身への負担は軽視できない。しかし，それは移住者自身の選択の結果であり，したがって自己責任とされる。こうして，本人の同意のもとに特定の移住者の移動や居住の自由を制限する

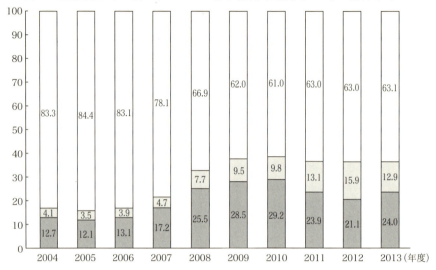

図 5-7　技能移住ビザに占めるスポンサー付き地方移住制度（RSMS）の割合（%）

出典：DIBP（2014e: 23）より筆者作成。

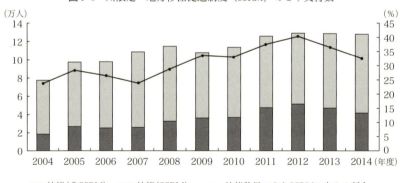

図 5-8　州限定・地方移住促進制度（SSRM）のビザ交付数

出典：DIBP（2015: 15）.

仕組みが，移民受入政策に組み込まれた。それは典型的な移民国家として，移住者をほぼ対等な社会の構成員として受け入れてきたオーストラリアにとって重要な変化であった。

6. 半熟練・非熟練労働者を地方へ

オーストラリアの地方の基幹産業は，農林水産業や資源産業，観光業などである。地方では，高度な技能を有する労働者だけではなく，半熟練（semi-skilled）労働者も 2000 年代後半は恒常的に不足していた（ERG 2008: 22）。「半熟練」とは，技能移民のレベルに満たない資質を意味する。オーストラリアの移民プログラムには技能移民と家族移民しかなく，半熟練労働者を移民として受け入れる制度は存在しない（もちろん，家族移民が半熟練労働者になったり，技能移民として入国しても，そうした仕事をする人はいる）。そこで，連邦・州の関係省庁と産業界は多くの労働協定（Labour Agreement）を締結した（Phillips and Spinks 2012: 14-15）。労働協定は，半熟練一時滞在労働者を公式に導入するための唯一のルートとなった（DIAC 2010: 69）。

その労働協定のひとつのカテゴリーとして 2011 年 5 月に新設された「企業移住協定（Enterprise Migration Agreement: EMA）」は，大量の労働力が必要な資源産業（それは必然的に，地方に立地する）などに，半熟練一時滞在労働者を円滑に導入することを目的とした（DIAC 2013a: 11, 2011: 75）。同時に新設された「地方移住協定（Regional Migration Agreement: RMA）」は，急速な発展により労働力が不足している地方に，政府と地元雇用者が協定を結んで半熟練一時滞在労働者を導入するものであった（Phillips and Spinks 2012: 15）。これらの労働協定は，技能移民を地方に送り込むことを目指した制度改革を補完するものとされた（ERG 2008: 37）。

一方，「非熟練（non-skilled）」労働とは，半熟練労働よりもさらに習熟が不要な単純労働を意味する。地方ではとくに，農業など季節によって雇用のニーズが変わる産業の労働力の確保が課題であった。労働党政権はそれに，

「太平洋季節労働者パイロット制度（Pacific Seasonal Workers Pilot Scheme）」で対処した。これは経済が発展せず雇用の場が少ないキリバス，パプア・ニューギニア，トンガ，バヌアツから開発援助・国際貢献という名目で非熟練の季節労働者を受け入れ，出稼ぎの機会を提供するものだった。国際貢献を掲げながら，事実上出稼ぎ外国人の非熟練労働力の受け皿となっている点で，日本の技能実習制度と似た発想であった。2009年に，3年間限定の実験事業として開始され，季節労働者の受け入れ先は当初は園芸産業に限定された。季節労働者は指定された地方の雇用主のもとで7か月から1年間働き，繁忙期が終わると帰国させられた（DIAC 2010: 72）。2012年からは正式に「季節労働者プログラム（Seasonal Worker Program）」となって，受入産業もホテル産業，養殖業，サトウキビ・綿花産業と広がり，季節労働者の人数も増えた。労働者を送り出す国にも新たにナウル，サモア，ソロモン諸島，東チモール，ツバルが加わり，4年間で1万2000件のビザが発行されることになった（DIAC 2013b: 80）。

　季節労働力の供給源として，ワーキングホリデー制度も活用されている。周知のように，この制度は，海外の若者が働きながら最長1年間その国に滞在して，異文化理解や友好を深めることが本来の趣旨である。しかしオーストラリア政府はワーキングホリデービザを，非熟練・季節労働者が不足している産業の労働力を補完する手段として明確に位置づけている。とくに2005年に導入されたセカンドワーキングホリデービザにより，通常は一生に1度しか交付されないワーキングホリデービザが，地方の農業，資源産業，建設業に3か月間従事した人に再度交付できるようになった（DIBP 2014d: 47）。労働党政権期にはワーキングホリデービザの交付数は増加し，2007年度には約15万件だったのが2012年度には約25万件に達した。セカンドワーキングホリデービザは2007年度には約1万2000件だったのが，2012年度には約3万9000件となった[7]。

　こうした制度で地方に誘致された半熟練・非熟練労働者は，あくまでも一時滞在者であり，ビザの更新は制限され，永住ビザへの切り替えも認められ

ない。移動や職業選択の自由も，制限されている。これは欧州などで実施されたゲストワーカー制度に近く，日本の技能実習制度とも共通点がある。移住労働力を期間と場所を限定して導入することで，受け入れにともなうコストを極小化する試みだといえる。

7. ミドルクラス多文化主義とネオリベラル多文化主義[8]

このように，ラッド＝ギラード労働党政権は，技能移民とそれを補完する半熟練・非熟練一時滞在労働者を，地方への導入という地理的な配分も含めて，労働市場のニーズにいっそう厳密に対応させようとした。地方の労働力不足が深刻なオーストラリアの場合，本人の合意のもとに移民労働者を地方に配分する制度が発達した。それは移民にしてみれば，ビザを取得して入国した後も，職業や居住地選択の自由が制限されることを意味した。

しかし先述のように，グローバル・エリートやグローバルな多文化的ミドルクラスは半熟練・非熟練労働者と比べれば，国家の出入国管理政策によって一方的に統制されるだけの存在ではない。かれらは定義上，国境を越えて活動できるような経済的・人的資本を備えており，移住先も選択の余地が大きい。したがって，いくら政府が国益に資する技能移民を需要主導型で導入しようとしても，他の国にもっと魅力があれば，そちらを移住先に選ぶだろう。

しかもグローバル・エリートは，ただ金を稼ぐことだけを目的に移住するわけではない。かれらは金を稼ぐほかにも，自己実現と充実した生活を望む（「ライフスタイル移住」「消費志向型移住」）傾向がある（濱野 2014: 15-17; 吉原 2008: 201-224）。この充実した生活は，グローバリゼーションによって各国のミドルクラスに浸透した消費主義と，政治・経済・文化的なコスモポリタニズムの価値観を前提とする（Elliott 2014: 33; バウマン 2008: 71-82）。つまりグローバル・エリートやグローバルな多文化的ミドルクラスにとって魅力的な移住先は，能力にふさわしい経済的成功や自己実現と，快適なライフスタイ

ルが両立する社会である。そのような社会は典型的には、以下のような条件を備えるといえよう[9]。

①ビジネスにおける能力・業績主義の徹底。自らの経歴や能力、業績が、国籍や民族、文化の違いによって不当に低く評価されるような不公正が少なくとも公式には否定され、訴えれば不公正を是正する措置がとられる。
②ストリートにおける安全・安心の確保。一般的な治安の良さに加えて、移民や外国人に対する偏見や差別で日常生活が脅かされない。具体的には、人種差別やヘイトスピーチの被害から法的・社会的に保護される。
③家庭生活での文化的多様性の公的な承認と支援。グローバル・エリートやグローバルな多文化的ミドルクラスの子どもの学力や進路選択が、母語や母文化の違いによる不公正な扱いによって阻害されない。子どもがそうした違いからくる困難を克服できるよう支援する、適切なサービスがある。また配偶者ビザや家族呼び寄せで滞在している家族が、地域社会で孤立したり排除されないよう適切なサービスがある。
④消費生活における「世界標準」の確保と文化的コスモポリタニズム。世界の先進諸国で流通している商品やサービスを、他の先進国と同じ水準の品質で享受できること。そのための流通・小売のシステムが整備されている。ただし異国での快適な消費生活には、現地の土着の文化を愉しむことも含まれる。それゆえ、ミドルクラス的価値観に順応・洗練させたその土地独自の文化的産物を、商品やサービスとして消費する(「コスモポリタン的消費」)機会が提供されている (Hage 1997)。
⑤低い税負担。移住先社会にそれほど忠誠心や愛着をもたないグローバル・エリートやグローバルな多文化的ミドルクラスにとって負担に感じない程度に所得税、住民税、固定資産税等の税率が低い。あるいは、特典として減税・優遇措置が講じられている。したがって①〜④の条件も、高い租税負担をともなう行政サービスではなく、市場メカニズムに基づ

く民営化したサービスで実現すべきだとする点で，グローバル・エリートやグローバルな多文化的ミドルクラスと政府のあいだに合意が成立する。

グローバル・エリートやグローバルな多文化的ミドルクラスはこれらの条件をかんがみて，もっとも都合の良い移住先を選ぶ。しかもそれは1回きりの移住とは限らず，仕事や家庭の事情によって，母国との往還や他国への再移住もありうる（井口 2014）。それゆえグローバル・エリートやグローバルな多文化的ミドルクラスを誘致したい政府は，この5つの条件を整備し充実させなければならない。こうした移民受入方針の根底にある条件を「ミドルクラス多文化主義」と呼びたい（塩原 2012: 90-91）。

技能移民の受け入れを推進する政策は，出入国管理制度だけではなく，移住者をどう社会統合するかという理念にも影響する。この方針は確かに，多文化主義と呼びうる特徴を備えている。民族や文化の違いに基づく不公正や差別を抑制し，コスモポリタン的な消費文化の形成をうながすからである。しかし，エスニック・マイノリティの公正な社会統合を目指すリベラルな福祉多文化主義（第1章参照）とは決定的に異なる。福祉多文化主義は社会的下層にあるエスニック・マイノリティの公的支援を主眼とするが，これはグローバル・エリートやグローバルな多文化的ミドルクラスの勧誘と歓待に主眼を置くからである。しかも，こうした目的を行政が担うのではなく民営化されたサービスに委ね，経済的利益を効率的に追求する。

この多文化主義はリベラルな福祉多文化主義とは異なり，国民国家を単位として均質化されたシティズンシップ（序章参照）の概念を前提としない。そもそも，グローバル・エリートやグローバルな多文化的ミドルクラスを他の移住者よりも「望ましい人々」として誘致するからだ。もちろん，ミドルクラス多文化主義が求める①～④の条件自体は，より下層のエスニック・マイノリティの社会統合にも良い影響を与えうる。しかし⑤の条件が示すように，市場メカニズムを通じてグローバル・エリートやグローバルな多文化的

ミドルクラスの厚遇を目指す以上，その他の人々との格差が拡大するのは避けられない。したがって，社会的下層にとどめられる先住民族や，十分な法的地位を保障されない庇護希望者の待遇を改善することには結びつきにくい。むしろ，こうした「経済的メリットがない／コストがかかる」人々の放置や公的支援の削減が，黙認ないし正当化されがちになる。

　また，本章で検討したように，ミドルクラス多文化主義においては，半熟練・非熟練労働市場の需要には永住移民の受け入れとは異なるスキームで対応される。かれらの受け入れには，政府の社会保障コストやマジョリティ国民の雇用確保の面で潜在的なリスクがあるとみなされるからである。「望ましくはないが必要な」半熟練・非熟練労働者の導入は，なるべく永住させることなく，人手不足で困っている地域や業種に限定して（つまり期間・地域限定で）行われる。こうした労働者は合法的に国内に滞在しているとはいえ，社会の一員としてのシティズンシップの保障は不十分な可能性が高い。

　こうして移民受け入れの理念としてミドルクラス多文化主義は，社会統合のイデオロギーとしても機能するようになる。つまり，それはグローバル・エリートやグローバルな多文化的ミドルクラスを「望ましい人々」として特権化する根拠とされる。そしてその特権化は，経済的効率性の名の下に福祉多文化主義を後退させることと同時進行する。この新自由主義的な出入国管理と社会統合の理念を「ネオリベラル多文化主義」と呼びたい。すなわち，優秀な人材を文化・民族の区別なく，市場ニーズに最適なかたちで，経済的利益を基準に選択的に導入する（それと表裏一体に，望ましくない人々が文化・民族の区別なしに排除されるのを黙認する）というマクロレベルの効率性と，移民・難民向け（広義には先住民族も含む）支援サービスのコストパフォーマンスを徹底的に高めるミクロレベルでの効率性を同時に追求する多文化主義の政策・理念である。

　本章で示したのは，このネオリベラル多文化主義が結果的に一部の（主に社会的中上層の）エスニック・マイノリティの社会的包摂を促すことはあっても，同じ国民国家のすべての人々になるべく平等な権利や義務，メンバー

シップを与えようとする従来の福祉多文化主義とは異なるということである。特権とともに勧誘され優遇されるグローバル・エリートと，移住どころか入国すら許されない庇護希望者のあいだに，グローバルな多文化的ミドルクラスとしての技能移民や半熟練・非熟練一時滞在労働者，福祉受給者の先住民族が，移動や職業選択といった自由の度合いに応じて序列がつけられている。それは新自由主義のもと，経済的効率性をとことん追求した社会統合政策がもたらす社会の姿である。これが終章で述べる，新自由主義的例外化の状況が生み出す「段階づけられたシティズンシップ」なのである。

注
1) 連邦移民省の各年度年次報告書より。
2) DIBP, "Significant Investor visa statistics," https://www.border.gov.au/about/reports-publications/research-statistics/statistics/work-in-australia/significant-investor-visa-statistics（2017年3月28日アクセス）
3) ポイント・テスト移住（GSM）のビザにも，州政府がその人の引受人になってのビザ交付など後述するSSRMのカテゴリーに含まれるものがあるため，ここでは独立技能移住のみを「供給主導型」ビザとして扱っている。
4) オーストラリア連邦移民省ウェブサイト https://www.border.gov.au/Trav/Work/Work/Skills-assessment-and-assessing-authorities/skilled-occupations-lists/SOL（2016年3月3日アクセス）。
5) オーストラリア統計局ウェブサイト http://www.abs.gov.au/AUSSTATS/abs@.nsf/mf/3218.0（2016年3月4日アクセス）。
6) オーストラリア連邦移民省ウェブサイト https://www.border.gov.au/Trav/Visa-1/187-#（2016年3月4日アクセス）。
7) Department Immigration and Citizenship（Department of Immigration and Border Protection）, *Working Holiday Maker Visa Programme Report* 各年6月末版より。
8) 以下の記述については，塩原（2015a）も参照。
9) これらを命題にする際，Oishi（2012）の実証的研究を参考にした。

第6章

移住者の互助を活用した支援
在豪日本人移住者の言語・文化継承

1. フレクシブルな市民？

　前章で考察したように，グローバル・エリートとは，政府の移民受け入れにおいて「望ましい人材」として誘致され，社会統合政策では特別扱いされる人々といわれる。かれらは自立と自己責任という新自由主義の規範を強く内面化しているため，政府に対して政治・社会・文化的権利を要求するとは想定されていない。もちろん，差別でビジネスや家庭生活を脅かされれば，政府に改善要求するだろうし，経済活動におけるさらなる自由を要求するかもしれない。しかし，それ以外の社会保障についてグローバル・エリートは政府に目立った要求はしない。そうみなされるからこそ，新自由主義の影響力が強まり，経済政策が社会政策よりも優先されるなか（フーコー 2008; 武川 2012: 78-81），「望ましい人材」として歓迎される。

　前章で指摘したように，「望ましい人材」のイメージに完璧に当てはまる突出した技能や資産をもつグローバル・エリートはごく少数である。技能移民として受け入れられる「高度人材」の大半は，実際にはミドルクラスである。このグローバルな多文化的ミドルクラス（前章参照）も，受入社会で権利を主張しないというイメージがある。前章でも紹介した，筆者が石井らと

行った共同研究でも，オーストラリア政治について発言したり参加を強く望むアジア系専門職移民はどちらかといえば少数派であった。自分の仕事や生活が安泰ならば，オーストラリアでの政治的・市民的活動に積極的な関心をもたない人が多い。石井はこのようなアジア系専門職移民の傾向を，傍観者指向の「サイレント・マイノリティ型」と名付けた（石井・関根・塩原 2009: 72-73）。

かれらが傍観者でいられるのは，人的資本・経済的資本・社会関係資本をそれなりにもっているため，不都合があれば他の国に移動できるという余裕があるからだとされる。これはオングの「フレクシブルな市民」という概念に通じるものがある。オングによれば，フレクシブルな市民とは，できるだけ負担が少なく利益を最大化できる国家を選び，その国で投資をしたり事業を起こしたり，子どもを留学させるなどしてビザを取得して移住する人々である。仕事や家庭の事情が変われば，かれらは再びさまざまな手段を駆使して別の国へ移住していくとオングはいう（Ong 1999: 112）。

2. 在豪日本人互助組織の再形成[1]

筆者が長年にわたり調査してきた在豪日本人移住者が 1990 年代から 2000 年代初め頃にオーストラリア社会でもたれていたイメージは，このフレクシブルな移民の姿に重なる[2]。19 世紀末に移住が始まり，20 世紀前半までにオーストラリア各地にできた日本人住民の互助組織は，第二次世界大戦時の強制収容と戦後の強制送還によってほぼ消滅した。日本の敗戦直後，在留が認められたのは 100 人程度であったとされる（Nagata 1996: 15-36; 永田 2003: 95）。1950 年代にオーストラリア兵と結婚した日本人の「戦争花嫁」が数百名移住したが，白豪主義のもとでは日本人移住者の組織は発展しなかった（Tamura 2001: xiv-xv; 濱野 2014: 41-44）。その後両国の経済関係が緊密になるにつれて，日本企業の駐在員を中心とした日本人会や，オーストラリア人親日家なども加わった豪日協会が各地に設立された（Mizukami 1993: 36-40）。

白豪主義が廃止された後，日本の国際協力事業団（JICA）は1979年からオーストラリアへの技能移民を斡旋・支援する事業を開始し，永住権を取得する日本国籍保持者が増え始めた。今日の日本人移民コミュニティの基盤をつくったのは，こうした技能移民であった。その多くは，経済大国となった豊かな日本から来たという意識が強かったし，日本では当時エリートとされていた大手企業の日本人駐在員と生活圏や交友範囲を共有していた。その数も1980年代までは，永住者よりも駐在員が多かった。それゆえ日本人コミュニティは，第三世界の貧しい国から来た人々という当時のオーストラリア社会がイメージするアジア系住民とは異なる，アジア系ミドルクラス移民（グローバルな多文化的ミドルクラス）の先駆とみなされた。筆者が現地調査を開始した2000年代初頭には，オーストラリアの行政関係者や日系以外の住民のあいだでは，在豪日本人と言えば経済大国からやってきた裕福な人々で，あくまで永住者ではなく日系企業の駐在員中心の「特殊なコミュニティ」とみられていたし，当の在豪日本人たちもそう考える傾向があった（塩原 2004: 137, 2008b: 151-156）。

　1980年代以降，JICAの支援のもとで，日本人永住者主体の互助組織が各地で設立された。1982年にヴィクトリア日本クラブ，1983年にシドニー日本クラブ，1985年にジャパン・クカバラ・クラブ（後にクイーンズランド日本クラブと改名[3]），1991年に西豪州日本クラブがつくられた。その背景には，移住者を送り出していたJICAの働きかけがあった（保坂 1998b: 168-70）。1994年まで，各日本クラブはJICAから年額およそ5000豪ドルの助成を受けた。さらにJICAの後押しもあり，各州の日本クラブの連合組織である全豪日本クラブが1991年につくられた（保坂 1998a: 180-1)[4]。また1997年にはキャンベラ日本クラブが創設された[5]。日本クラブは会員どうしの親睦，情報交換，相互扶助などを目的としていたが[6]，オーストラリアの行政との接点は少なく，他の移民との交流にも積極的ではなかった。

　ところでオーストラリアでは，非英語系移住者の互助組織はかつてethnic organisationと呼ばれていたが，近年ではcommunity organisationと呼ぶことが

第6章　移住者の互助を活用した支援　　121

多い。後者は2000年代になってから一般的になったと思われる[7]。それゆえ日本クラブも，オーストラリアの ethnic organisation として設立されたといえる。しかし2000年代はじめまで，日本人移住者が自分たちをオーストラリアの「エスニック・マイノリティ」であると考えることは稀であった。それどころか，日本語の「移民」という言葉も自分たちには当てはまらない，自分たちは日本で暮らす人々となんら変わらない「日本人」だという声が，日本クラブ関係者からもたびたび聞かれた（塩原 2008b）。当然，かれらが日本クラブを ethnic organisation と呼ぶことはほとんどなかったと考えられる。

　以下では，全豪最大の日本人人口を擁するシドニーに焦点を絞り，シドニー日本クラブ（JCS）などの移住者互助組織がどのように移住者支援政策を利用して自分たちの生活ニーズを満たそうとしてきたのか考察する。シドニーに対象を限定するのは，それ以外の地域では日本人が比較的少ないこともあり，移住者互助組織が十分に発展していないからである。もちろん，シドニー以外の日本人住民が移住者支援政策と無関係というわけではない。第1章で述べたように，現在のオーストラリアでは行政サービス全般に多文化主義の理念が浸透しており，移住者は個人でも行政サービスを利用すれば，文化的差異に対する一定の配慮を受けられる。しかしシドニーの場合，人口が多い他の非英語系移住者と同じように，日本人移住者互助組織が州政府や地方自治体から資金を得て，同胞の支援を行うという活動がはっきりとみられる。したがってシドニーの日本人移住者の活動に注目することで，行政が移住者互助組織をどのように活用して政策を展開しているのか（これを移住者の互助を活用した（community-based）支援政策と呼ぶ）を，移住者の視点から詳細に分析することができる。

3. 移住者支援政策への編入

　在豪日本人永住者は1980年代後半から急増し，1990年代半ばには企業駐在員の数を上回った（塩原 2008b: 150）[8]。とくに存在感を増したのが，国際

結婚で移住した女性であった。彼女たちのなかには技能移民として渡豪・就労を経て結婚した人もいれば，オーストラリアの国籍や永住権を持つ人と日本で結婚して，その配偶者としてやってきた人もいる。ワーキングホリデーや留学中にパートナーに出会って結婚した女性もいる（濱野 2014: 133-175）。国際結婚し移住した日本人女性は，子育てや子どもの教育に関わる領域を中心に，移住者の互助活動の中核を担うようになっていった。

やがて 1990 年代には，日本人永住者，とくに国際結婚した人たちのあいだで，子どもに日本語を受け継がせる教育の機会の不足が問題視されるようになった。移住した親たちの多くは，子どもに日本語を話せるようになってほしいと望む。オーストラリア各地には当時から，日本の文部科学省に認定された日本人学校や週末補習校（在外教育施設と呼ばれる）はあった。しかし，日本の学習指導要領に基づいて日本語で各教科の学習をするため，とくに日本語そのものを学ぶ必要がある国際結婚家庭の子どもにとって壁は高かった。そもそも，英語を主言語としてオーストラリアで生きていく永住者の子どもに，いずれ帰国する駐在員の子どものような，日本の学校の入学試験に合格できる国語力が必要なわけではない。そこで，とくに国際結婚をした人々の間で，自分たちのニーズに合った日本語教室を設立しようという機運が生まれた（Shiobara 2004: 253）。しかし，1994 年に JICA から日本クラブへの資金援助が廃止された。そこで新たな資金を得るために，移住者たちはオーストラリアの移住者支援政策を活用しようとした。

このように，JCS をはじめとするシドニーの日本人移住者互助組織が州政府や地方自治体の移住者支援政策に関わるようになったのは，子どもへの日本語継承というニーズがきっかけである。JCS はその後，高齢の移住者への，日本語や日本文化に配慮した介護・福祉サービスを，行政と連携して実施した（Shiobara 2005）。しかし，シドニーでさえも日本人移住者は他の移住者に比べれば圧倒的少数派に過ぎず，同胞の高齢者向けサービスのニーズは少ない。また日本人は豊かな住民である，というイメージが現地社会で定着していたため，日本人高齢者だけを対象にした行政サービスが必要という認識も

低く，一般の高齢者福祉サービスにおける多言語・多文化への配慮で十分だとされる。それゆえ日本人高齢者向けのサービスは2017年時点で，小規模ビジネスやボランティア活動以外には発展していない。

そもそも日本人移住者は，教育や，病気や失業といった問題に直面すると，州や自治体などが運営する英語教室や通訳・翻訳サービス，文化的差異に対応した社会福祉サービスなどを利用することが多い。日本人が多いシドニーの場合，日本人の医師や弁護士などの民間サービスも利用できる。それゆえ，日本人互助組織としてはオーストラリア最大の規模（傘下の日本語学校会員を含めて2017年5月時点で345世帯[9]）を誇るとはいえ，専従職員もいないボランティア団体であるJCSが前面に出る機会は少ない。互助組織を通じた移住者支援活動は，これまでのところ，日本語エスニック・スクール（NSW州の多文化主義政策では正式には「コミュニティ言語教室（Community Language Schools)」と呼ばれる）の設立・運営が中心である。

4. 移住者の互助を活用した日本語教育

オーストラリアでコミュニティ言語（community language）とは，マジョリティ言語である英語以外の，移民のあいだで話される言語を指す。この場合のコミュニティとは特定の場所ではなく，移民同胞どうしの結びつき（共同体）を意味する。先述のcommunity organisation同様，これも1990年代までは行政的にethnic languageと呼ばれることが多かった。すなわちコミュニティ言語という言葉には，非英語系マイノリティ集団の使用言語という含意がある。これは「母語（mother language）」とは意味が若干異なる。母語は親から子に受け継がれる言葉なので，親が英語話者なら母語は英語になる。それに対してコミュニティ言語は，英語以外の，家族のみならずエスニック集団の構成員全体に共有される言語というニュアンスが強い。なお後述のように，母語とコミュニティ言語の両方の要素を含む「継承語（heritage language）」も比較的最近，行政によって用いられるようになった。

多文化主義を掲げるオーストラリア政府は移住者がコミュニティ言語を守る権利を保障し，公的に支援してきた（青木 2008: 203-229）。具体的には，まず学校教育の一環として英語以外の言語（Language Other than English: LOTE）教育の充実が図られたが，それとは別に重要な役割を果たしたのが，移住者の運営するエスニック・スクールであった（塩原 2016c）。

エスニック・スクールとは一般的な呼称であり，移住者が次世代に言語や文化を継承するための教育機関全般を指す。school を「学校」と訳すと，日本にある朝鮮学校やブラジル人学校のような自前の校舎を持つ全日制の教育機関が連想されがちだが，オーストラリアの場合，全日制のエスニック・スクールは私立学校にはあるが，数は少ない。エスニック・スクールと呼ばれるものの大半は，普通の学校に通う移住者の子どもが，放課後や週末に学ぶ比較的小規模な言語教室である。その多くは，親たちがボランティアで運営し，公立学校の校舎や公共施設，宗教施設などの一部を借りて行っている。NSW 州政府はエスニック・スクールを Community Language Schools と呼ぶが，本書ではこれを「コミュニティ言語学校」ではなく，その実態に即して「コミュニティ言語教室」と訳すことにする。

NSW 州政府に認定された 277 のコミュニティ言語教室では 50 以上の言語を教え，毎年 3 万人以上の子どもが学んでいる[10]。コミュニティ言語教室として認定されると，州政府教育省からの助成金をはじめ，さまざまな支援が受けられる。助成金は，教師やチューターの給料や教材費などの一部に当てられる[11]。そのため設立や運営はあくまでも保護者のボランティアだが，州政府の多文化主義政策の一環でもある。それは，移住者互助組織の自発的活動を行政が活用して言語継承を補償するという意味で「移住者の互助を活用した」支援政策といえる。

1993 年にシドニー北部近郊のキャメレイ地区にある公立学校の教室を借りて開校したのが，NSW 州政府に初めて認定された日本語コミュニティ言語教室であった。当初は JCS North School という名前であったが，のちにシドニー日本語土曜学校と改称された。この学校は JCS の幹部であった人物

が他の日本人永住者とともに，NSW 州政府の支援を前提に開設した[12]。のちに JCS から独立し，現在でも毎週土曜日に，3 時間の授業を開講している。その後も多くの日本語コミュニティ言語教室が設立されたが，シドニー日本語土曜学校は今でも最大規模の生徒数を誇り，運営方法の点でも他校のモデルになった[13]。

　このシドニー日本語土曜学校も含めて，シドニーの多くの日本語コミュニティ言語教室は JCS が母体となって設立された。1992 年に南部近郊のリバウッドに開校したシドニー日本語日曜学校は，のちに JCS から独立し，2004 年には NSW 州政府からコミュニティ言語教室に認定された[14]。1999 年には中心市街のウルティモ地区に JCS 日本語学校シティ校が，2001 年には北部郊外に同ノーザンビーチ校が開校した。シティ校は 2001 年度から，ノーザンビーチ校もほぼ同時期に，NSW 州政府からコミュニティ言語教室に認定されている[15]。2009 年には JCS 日本語学校ダンダス校が西部近郊に発足した[16]。2013 年にはノーザンビーチ校が JCS から独立し，フォレスト日本語学校と改名した[17]。また 2015 年には，JCS 日本語学校エッジクリフ校が設立された[18]。

　JCS の傘下として出発した以上の 6 校に加え，シドニーには NSW 州に認定されたコミュニティ言語教室があと 3 校ある。2004 年に，シティ校の教師と親たちの一部が JCS から離脱して西部近郊のルイシャム地区に設立したのが，ニューサウスウェールズ日本語補習校である[19]。また，北部近郊のキラニー・ハイツ地区にノースショア日本語学校[20]，同じくホーンズビー地区にホーンズビー日本語学校がある[21]。こうして 2017 年 3 月時点で，シドニーには NSW 政府に認定された日本語コミュニティ言語教室が 9 校あり，1000 人ほどの生徒が日本語を学んでいた。いずれも州政府から助成金を受けたり，公立学校の施設を借りて，保護者たちのボランティアで運営されている。生徒の大半は日本人移住者，とりわけ国際結婚した人々の子どもであり，おもにコミュニティ言語としての日本語を学んでいる[22]。

　このように，日本人移住者が主導する日本語教育活動は 2000 年代のシド

ニーで急速に発展したが，それは従来オーストラリアの行政にあまり関わらなかった日本人の移住者互助組織が，移住者支援政策の枠組みに組み込まれたことを意味する（Shiobara 2004）。日本人永住者たちは NSW 州のコミュニティ言語教室の制度を積極的に活用し，ノウハウは主に JCS 内部に受け継がれた。最初に設立されたシドニー日本語土曜学校は，州政府の助成を得て運営する成功事例となった。その後設立された JCS 日本語学校シティ校では，ある移住者女性がコミュニティ言語教室と認可され助成金を獲得するために尽力した。その女性が JCS の幹部を務めたことで，JCS 傘下として 2000 年代に設立された各地の日本語教室にノウハウが受け継がれていった[23]。やがていくつかの学校が JCS から離脱していき，こうした制度を活用する知識は日本人移住者の間に広く共有されていった。

5．移住者の互助を活用した子育て支援[24]

（1）コミュニティ・プレイグループ

　NSW 州政府のコミュニティ言語教室は，主に日本でいえば幼稚園の年長組に該当する年齢の子ども，小学生，そして中学生を対象とする。それ以前の，就学前の乳幼児と親が行うのが「プレイグループ（playgroup）」と呼ばれる活動である。プレイグループはオーストラリアで 1970 年代から盛んになった。日本では「公園デビュー」などといって，幼い子どもと親（多くは母親）が公園に集まって自然発生的なグループになることがあるが，公園ではなく公民館などの施設を借りて，まとめ役のもとで定期的に集まっているのがプレイグループと考えればわかりやすい（オーストラリアでも，屋外でプレイグループが行われることはある）。

　NSW 州プレイグループ協会（Playgroup NSW）の定義によれば，プレイグループは，リラックスした雰囲気のなかで，ゼロ歳から学齢前の幼児や児童，両親，保護者たちが集う非公式な会合である。プレイグループは子どもには遊びを通して友だちをつくり，社交的・感情的・心理的・知的スキルを育む

機会を，保護者には子どもと楽しく遊びながら他の保護者と知り合い，考えや意見を共有して子育てに活かす機会を提供する。非営利で通常は週1回2時間ほど，教会やコミュニティセンターなどの場所を借りて行うことが多い[25]。参加費もお茶代などの実費負担のみで，毎回参加する必要はなく，活動中のルールも必要最低限な，緩やかな集まりであることがほとんどである。

プレイグループには，「コミュニティ・プレイグループ」とそれ以外のプレイグループがある。コミュニティ・プレイグループは，保護者（主に母親）がボランティアで設立・運営する。オーストラリアで子育てをする家庭，とくに共稼ぎではない家庭にとってコミュニティ・プレイグループは比較的身近な活動であり，2013年には全豪で8000以上のコミュニティ・プレイグループが毎週どこかで開催され，およそ20万人の親子や養護者が参加した（Cahir 2013: 2）。

一方，行政から事業委託を受けた民間団体が有給のコーディネータやスタッフを雇用して実施するものは「早期介入（early intervention）プレイグループ」などと呼ばれる。これは，貧困や病気，障がいなど，困難な事情を抱える親子のための公的支援のひとつとして明確に位置づけられている（塩原 2017b）[26]。行政サービスとして民間団体が行う以外，実施方法や内容はボランティアのコミュニティ・プレイグループと大差なく，参加費も無償ないし低額である。

早期介入プレイグループとは異なり，コミュニティ・プレイグループは行政サービスではなく，あくまでも保護者の自主的な活動であるが，実際にはその多くが各州のプレイグループ協会から支援を受けている。NSW州の場合，NSW州プレイグループ協会に会員登録すれば，どこでどんなグループが集まっているかといった情報を保護者は得ることができる。会員には，乳幼児関連のさまざまなサービスや商品の割引特典がある。自らプレイグループを設立したい保護者には，遊びのアイデア集，遊具や工作キット，運営方法を学ぶワークショップや講座などが無償ないし低額で提供される。また，プレイグループ活動の際に事故が起こって子どもがケガをしたときのために，

保険に低額で加入することもできる。日本のボランティア活動保険のようなものだが，保護者が安心して子どもを参加させ，またコーディネート役の人が不測の事態が起きても賠償責任を負わないためには重要である[27]。このように，コミュニティ・プレイグループ活動は事実上，地域社会における「互助を活用する」ことで比較的安価に子育て支援を行う施策として制度化されている。

オーストラリアの多文化主義政策では，しばしばCALD（Culturally and Linguistically Diverse）Peopleという行政用語が用いられる。文字どおり「文化的・言語的に多様な」住民という意味である。同じような意味で以前から使われてきたNESB（Non-English Speaking Background），すなわち「非英語系」という行政用語が，主に第1世代の移住者を指すのに対して，CALDはより広範なカテゴリーであり，英語を主な言語とする第2世代以降の移住者や先住民族の人々も含む。コミュニティ言語教室は，オーストラリアで生まれ育って主に英語を話す移住者の子どもを主な対象とするため，NESBではなくCALD住民向けの支援とみるのがふさわしい。プレイグループも，CALD住民を支援する役割を果たすことがある。

プレイグループ活動では，CALDの住民が比較的多く参加するのは早期介入プレイグループの方である。先述のように，これらはそもそも苦しい立場に置かれた家族を支援する行政サービスなので，英語以外の言語を話すスタッフを雇用するなど，CALDの家族が参加しやすいよう配慮されている場合もある。下層エスニック・マノリティが集住する地区の早期介入プレイグループは，参加者の言語や文化が多様な「多文化プレイグループ」として運営されることもある（塩原2010）。

(2) 日本人コミュニティ・プレイグループの発展

一方，コミュニティ・プレイグループを結成するCALDの親は多くない。グループを設立するためにはそれなりの準備がいるし，英語で文書を書いたり役所と交渉もしなければならない。そのための時間的・精神的余裕がなく，

英語も不得手な人が多いCALDの親にとっては敷居が高いのかもしれない。にもかかわらず，日本人移住者の親が運営するコミュニティ・プレイグループは協会に登録されたCALDのグループのなかでは一番多く，2015年2月時点でシドニーに18か所あった[28]。

　日本人コミュニティ・プレイグループ活動がシドニーで盛んになった経緯には，日本人移住女性のA氏が深く関わっている[29]。A氏は1990年代半ばに留学生として来豪し，一般企業に勤務したのちにオーストラリア人の夫と結婚・出産を経て，シドニー西部近郊に移り住んだ。日本人永住者や駐在員家族が集住する北部近郊とは異なり，当時の西部近郊では日本人移住者のネットワークは未発達であり，A氏は子どもが日本語を習得する環境を望んでいた。地元の行政から同じような悩みを抱えた近隣の日本人女性を紹介されたのを契機に，A氏はプレイグループを設立し，NSWプレイグループ協会に登録した。コミュニティ・プレイグループを運営するなかで，A氏は地元の政治家や行政，移民支援団体とのネットワークを築いていった。さらにA氏は2005年から2009年まで，NSW州プレイグループ協会で唯一のCALDの理事として活動した。その頃になると北部近郊以外の地域でも国際結婚して移住してきた日本人女性も増えていた。A氏はNSW州プレイグループ協会の理事として，自分たちでコミュニティ・プレイグループを立ち上げて協会に登録し，運営するノウハウを伝えるなど，彼女たちのメンターとしての役割を果たすようになった。こうしてシドニー郊外全域で，日本人コミュニティ・プレイグループが増加していった。コミュニティ言語教室と同様に，ここでも，移住者支援政策を活用する知識が日本人移住者の間で広く共有されていくさまが観察できる。

　筆者がA氏に紹介され見学したいくつかの日本人コミュニティ・プレイグループは，平日の午前中に自治体の集会所や教会の集会室などで開かれていた。集まってくる親の多くは国際結婚した女性であり，比較的英語ができる代表や会計担当といった中心メンバーが，プレイグループ協会や行政とのやりとり，参加者の募集，毎回の活動内容の決定などを担っていた。1回の

プレイグループにはどの集まりでも10〜20家族が参加していた。移住者の混住が進んだシドニー西部近郊や南西部郊外では、参加する女性のパートナーは英語系白人オーストラリア人とは限らず、非英語系白人やアジア系の男性であることも多い。女性の多くは専業主婦か、パートタイム労働をしながら育児をしていた。オーストラリアでは託児所に子どもを預ける費用が高額であるとか、語学や資格の壁によって日本人女性が出産後もフルタイムで働き続けることが難しいと述べる人が多かった。

　子どもたちが遊んでいるあいだ、保護者は子どもの遊びに付き添ったり、他の親たちと日本語でおしゃべりをしたりして過ごす。中心メンバーの母親たちはオーストラリアでの生活や子育ての経験が比較的豊富であり、若い母親や比較的最近移住してきた母親から、育児や役所の手続きについて相談をもちかけられることもしばしばあった。こうした様子からは、専門の家族支援ワーカーや保育士のいないコミュニティ・プレイグループであっても母親の子育て支援やストレスの緩和に貢献しており、地域社会における移住者の互助を活用する支援として機能していることが伺えた。

6. コミュニティへのアウトソーシング？

　このように、子どもに日本語を継承する機会を確保したり、子育ての困難を解消するため、シドニーの日本人移住者はコミュニティ言語教室とコミュニティ・プレイグループという政策に深く関わるようになった。

　地域社会における移住者の互助を活用するこうした政策に、評価すべき点はもちろんある。シドニーの日本語コミュニティ言語教室の発展が、とくに国際結婚家庭の子どもたちの日本語継承の機会を拡げたのは間違いない。筆者が見聞したいくつかのエピソードは、コミュニティ言語教室の日本語教育がある程度成果を挙げていることを示す（塩原2016c）。また、日本人コミュニティ・プレイグループは子どもに対する支援であると同時に、地域で孤立しがちな国際結婚の母親に対する有効な支援の場となっている。とくに移住

したばかりで英語が不得意な母親が、同じ環境にある先輩に相談し助言を受けられる場は貴重である。

　だが、移住者の互助を活用するこうした支援は、本来ならば政府が担うべき多文化主義社会におけるエスニック・コミュニティの言語・文化の維持という責務を、地域社会における移住者の自助努力に委ねてコストを削減するという意味で「アウトソーシング」している面があることは否めない。1980年代のオーストラリアの言語政策は、移住者がコミュニティ言語を学ぶ権利の確立を目指した。しかしその後は、経済的な国益をもたらすとされたLOTE言語と英語のみが、学校教育で重視される傾向が続いている（青木2008）。つまり、その他のコミュニティ言語の継承は、移住者の自助努力に委ねられがちである。しかし日本人コミュニティのように人口が比較的少なく国際結婚移住者が多い場合、家庭で日本語を話す環境をつくるのが難しい。そのため日本語コミュニティ言語教室が重要になるが、保護者は学校の運営をボランティアで担わなければならない。普段の生活で主に英語を用いる子どもたちが、日本語の勉強を続けるのも大変であり、年齢が進むにつれて日本語の継承を断念する家庭が増えるのが実情である。

　一方、プレイグループは親子で参加するのが基本である。したがって、託児所の代わりにはなりえない。また参加する親は大半が母親で、性別役割分業が暗黙の前提となっている。近年は多少改善されたとはいえ、オーストラリアでも就労女性が育児のためにキャリアを後回しにせざるを得ない傾向はある（Stilwell and Jordan 2007: 126-147）。プレイグループは、このような状況を変える契機にはならない。もちろん、出産・育児で家庭に入った女性が努力してキャリアを再開させることは可能だし、日本の一般的な状況に比べればまだましかもしれない（Baird and Heron 2013: 244-245）。ただしそれには英語が十分に話せて、オーストラリアで通用する学歴や職歴をもち、なおかつ現地の事情に通じた相談相手がいることが重要である。日本人をはじめとする非英語系の国際結婚移住女性は、そのような条件に恵まれていない場合が多い。

就労するか，家庭で育児中心の生活を送るかを選択するのは個人の自由であり，どちらかを選んだ女性の価値が低くなるわけでは決してない。しかし多文化主義社会においては，マイノリティの女性にマジョリティの女性と同じように選択の機会が保障されることは重要である。プレイグループには，非英語系移民女性のライフスタイルの選択肢を増やす直接的な効果は期待できない。

　このように，移住者の互助を活用した支援では，ジェンダーとエスニシティという，移住女性が負う二重の不利を払拭するには限界がある。にもかかわらず，それには政策の本来の意図とはやや異なるかたちでかれらのエンパワーメントを促す側面があることを次章で考察したい。

注
1) 本章の第2節から第4節については，塩原（2016c）も参照。
2) 筆者は2001年から2017年現在まで，シドニーを中心として在豪日本人永住者の調査を続けてきた。2005年前半まではキャンベラとシドニーに居住し，日本人永住者組織の活動にボランティアで参加するなどの参与観察や聞き取りを行った。それ以降は日本に拠点を移しながら年2〜3回オーストラリアを訪問し，各地の日本人移民コミュニティ活動の視察やその主導的人物への聞き取りを実施してきた（Shiobara 2004, 2005; 塩原 2003, 2008b; 石井・関根・塩原 2009）。
3) クイーンズランド日本クラブ（JCQ）は2007年に日本人駐在員中心の組織であったJapanese Society of Brisbane（JSB）と合併し，ブリスベン日本クラブ（JCB）となった（http://jc-b.com/index.html）。なおJCQはもともとJSBに所属していた日本人永住者たちが分離して設立した組織であり，したがって2007年の合併は「再合併」と表現することもできる（長友 2013: 211-214）。
4) 全豪日本クラブは2000年に発展的に解消し，インターネット上のメーリングリストとホームページからなるネットワークである「全豪ネットワーク」に改組され，その後実質的に活動を停止することになった（濱野 2014: 87-131）。
5) 1990年代初頭にはタスマニア日本クラブが設立された。しかしこのクラブは他の日本クラブとはほとんど関わりをもたず，全豪日本クラブにも参加しなかった（2002年7月1日にホバートにて実施した，タスマニア日本クラブの当時の幹部からの聞き取り）。
6) シドニー日本クラブ（2001年7月9日，シドニー），キャンベラ日本クラブ（2001

年8月22日，キャンベラ），ヴィクトリア日本クラブ（2001年9月14日，メルボルン），西豪州日本クラブ（2001年8月31日，パース），クイーンズランド日本クラブ（2002年7月10日，ブリスベン）の各幹部（当時）からの聞き取り。
7) たとえば，NSW州エスニック問題委員会（Ethnic Affairs Commission）は，同州における多文化主義政策の一翼を担う公益法人であったが，2001年に「コミュニティ関係委員会（Community Relations Commission）」に改称された。この改称の是非をめぐっては，同州内で活発な論争が行われた（塩原2005: 171-204）。
8) その後も日本人永住者数は増加し，2008年には3万3971人となった（長友2013: 15）。
9) 『JCSだより』2017年5月号。
10) NSW州教育省ウェブサイト（http://www.dec.nsw.gov.au/what-we-offer/community-programs 2017年5月9日アクセス）。
11) NSW州教育・コミュニティ省ウェブサイト（http://www.dec.nsw.gov.au/what-we-offer/community-programs 2015年4月25日アクセス）。
12) 『JCSだより』95号（1992年4月）。
13) 『JCSだより』129号（1995年12月）。
14) シドニー日本語日曜学校ウェブサイト（http://www.japanesesundayschool.org.au/ 2017年9月1日アクセス）。
15) JCS日本語学校シティ校関係者からの聞き取り（2003年6月11日）。
16) JCS日本語学校ダンダス校ウェブサイト（http://dundas.japanclubofsydney.org/ 2015年4月25日アクセス）。
17) フォレスト日本語学校ウェブサイト（http://forestjapaneseschool.org.au/ 2015年4月25日アクセス）。
18) JCS日本語学校エッジクリフ校ウェブサイト（http://edgecliff.japanclubofsydney.org/ 2016年11月29日アクセス）。
19) 「ニューサウスウェールズ日本語補習校　学校要覧（2014年1月20日改訂）」および「政府補助金（グラント）受給と出席日数についてのお知らせ（2012年11月1日作成）」より。
20) ノースショア日本語学校ウェブサイト（http://www.nsjs.com.au/ 2015年4月25日アクセス）。
21) ホーンズビー日本語学校ウェブサイト（http://hornsbyjapaneseschool.org.au/index.html 2015年4月25日アクセス）。なおシドニー以外のNSW州内にさらに3か所，州政府によって認定された日本語コミュニティ言語教室がある（http://www.dec.nsw.gov.au/what-we-offer/community-programs/find-a-school 2015年4月25日アクセス）。
22) ノースショア日本語学校とシドニー日本語土曜学校に関しては，海外子女教育振興財団からは在外教育施設として位置づけられている。しかし前者のウェブサイトを見

る限り，日本の学習指導要領に基づいた教科学習よりも，実際には継承語としての日本語が主に教えられているようだ。また確認できる限り唯一，日本の学校の国語の教科書を使用している後者においても，生徒の大半を占める永住者の子どもの継承語としての日本語習得のニーズに合わせるために授業を工夫している。シドニー日本語土曜学校関係者からの聞き取り（2015年1月31日，シドニー）。
23) JCS日本語学校シティ校関係者からの聞き取り（2001年8月25日／2003年6月11日）。
24) 第5節については，塩原（2017b）も参照。
25) Playgroup NSWウェブサイト（http://www.playgroupnsw.org.au/AboutUs/Whatisaplaygroup 2017年5月9日アクセス）。
26) 児童支援における「早期介入（early interventionまたはearly childhood intervention）」とは，主に初等教育就学前の子どもに対する，心身の健全な成長や知性・社会性の発達などを目的とした支援である（Wise et al. 2005: 4）。
27) Playgroup NSWウェブサイト（http://www.playgroupnsw.org.au/Playgroupa1/Playgroup Supportおよびhttp://www.playgroupnsw.org.au/Membership/MembershipBenefits）2017年5月9日アクセス。
28) Playgroup Australiaウェブサイト http://www.playgroupaustralia.com.au/nsw/go/find-a-playgroup（2015年2月13日アクセス）。
29) 以下，2008年9月から2015年2月にかけて複数回実施したA氏へのインタビューに基づく。

第 7 章

移住者からの異議申し立て
住民運動から市民運動へ

1. 継承語をめぐる住民運動[1]

　前章で述べたように，日本人移住者たちの互助活動は，地域における互助を活用する（community-based）移住者支援政策に組み込まれた。そこに，行政のアウトソーシングという側面があったにせよ，日本人移住者たちはただ都合よく利用されていたわけではない。活動に関わっていくなかで，かれらは次第に行政の制度を活用する知識を蓄積し共有していった。その結果，日本人移住者のとくに女性のエンパワーメントにつながった。前章で紹介したA氏は，コミュニティ・プレイグループ活動に加わったことをきっかけにキャリアを発展させ，他の日本人女性を支えるようになった。A氏はもともと英語も堪能でオーストラリアの企業に勤めた経験もあったが，プレイグループの運営やNSW州プレイグループ協会の理事として活動するなかで行政や地域社会とのネットワークを広げ，日本人の親たちを取りまとめる存在となっていった。就学前児童教育への関心を深めたA氏は専門的な訓練を受けたのち，オーストラリアの教育制度に専門職として参入し，3～5歳の児童が通うプレスクールの教員になった。そのかたわら，地元の自治体の職員に請われて，日本人移住者の保護者向けにオーストラリアのプレスクールや小

学校の仕組み，入学にあたってのアドバイスをする情報セミナーの講師なども務めた。A氏のように，日本人コミュニティ・プレイグループや日本語コミュニティ言語教室の設立や運営に関わった人々はしばしば，移住者の地域における互助を活用する支援政策と接する経験のなかで，オーストラリア社会でより主体的に生きる力を身につけていった。

　そのような人々が増えてきた2000年代後半に，新たな展開がみられるようになった。行政の助成金制度に応募して活動資金を得るだけではなく，アジア系住民としての自分たちが公正な行政サービスを受けられるように，制度の改善を要求する運動が台頭してきたのである。それはまず，子どもに日本語を継承する活動でみられた。JCSや日本語コミュニティ言語教室などの互助組織や，その人的ネットワークが運動の拠り所となった。つまり，それまでの互助活動を土台とした「住民運動」が生じてきたのである。

　NSW州では，大学進学を希望する人はHSC（Higher School Certificate）と呼ばれる大学入学資格を取得しなければならない。そのためには日本の大学入試のような一発勝負の試験ではなく，原則として高校の最後の2年間，HSCに該当する複数の科目を履修して良い評価を得て，その後にそれぞれの科目の試験を受けなければらない[2]。科目の成績は，授業の評価と試験の結果の両方によって決まる。生徒が志望する大学に行けるかどうかは，HSCの成績しだいである。

　HSCを取得するためには，2年間で最低22単位の該当科目を履修しなければならない（多くの場合，ひとつの授業は2単位に相当する）。英語は必修であるが，それ以外の34の言語も選択できる。英語以外の語学を履修する場合，生徒の習熟度に応じて「初学者（beginners）」「継続学習者（continuers）」「補足授業（extension）」「母語話者（background speakers）」のコースに振り分けられる[3]。一般に非英語系移民の子どもが親の母語を選択する場合，ふつうは継続学習者より上のコースになる。しかし継続学習者コースは，オーストラリアで生まれ育ち英語で教育を受けてきた生徒を想定しているため，それほど高度ではない。日本語の科目をみると，継続学習者コースの試験問題は

小学校中学年くらいのレベルといった印象である[4]。それゆえ，家庭や移民コミュニティ内での言語継承がうまくいっている生徒ほど，HSCで高得点が期待できる。しかし中国語，韓国語，日本語，インドネシア語だけは，初学者，継続学習者のほかに母語話者コースが設置されている。これは母語で学校教育を受けてきた生徒を想定しているため，難易度が上がる。

　国際結婚をしてシドニーに暮らす日本人のなかで，子どもに日本語コミュニティ言語教室で日本語を学ばせてきたが，HSCの科目で日本語を選んだら母語話者コースに入れられてしまう経験をした母親たちがいた。より易しい「初学者」「継続学習者」のコースを選択したくても，親が日本人で週末に2〜3時間，日本語を勉強していただけで，学校側に母語話者だとみなされてしまう。オーストラリアで育ち，家庭でも英語を話す子どもたちにとっては，母語話者コースは難しすぎる。そもそも日本語コミュニティ言語教室は子どもに日本語を母語としてではなく，コミュニティ言語として学ばせるために設立された。両親とも日本人で家庭内で日本語を話し，日本の大学を受験しようと考えている生徒は，日本語コミュニティ言語教室に通うことはあまりない。

　日本語コミュニティ言語教室に通っていた子どもは，そのせいで母語話者コースに入れられると，レベルが高すぎるため良い成績がとれない。HSCの科目に日本語を選択すると損だからとやめる生徒まで出てきた。その一方で，同じ国際結婚家庭でもとくに日本語を苦労して学んでこなかった子どもがより易しいコースで良い成績を取れるのは不条理と感じる親もいた[5]。

　不満を持つ親のなかに，日本語など4つの言語だけ母語話者コースがあるのは差別だと考えた人々がいた。そうした人々が2007年にシドニー日本クラブ（JCS）内に「HSC日本語対策委員会（HSC Japanese Committee）」を立ち上げた。HSC日本語対策委員会は2008年にJCSから独立し，2011年にNSW州の非営利団体として登録された[6]。主な活動は，州内の日本語コミュニティ言語教室と連携しながら，州政府や教育委員会，連邦政府やオーストラリアの人権団体などに署名活動や陳情をして制度の改善を訴えるロビイ

ングであった[7]。HSC日本語対策委員会は，母語話者コースがあるために日本人は他の移住者よりも損をしており，それはどのような文化的背景をもつ人も公平に扱う多文化主義の理念に反すると主張した。それは従来の日本人移住者には，見られなかった主張であった。

　2011年には，HSCの中国語，韓国語，日本語，インドネシア語の科目に，従来の母語話者コースよりも易しい「継承語（heritage language）」コースが新たに導入された。HSC日本語対策委員会はこのコースの存在を告知し活用を促すため，コミュニティ言語教室や現地日本語メディアを通じて保護者への啓発活動を進めた[8]。さらに「継承語としての日本語」という考え方を，日本人移住者のあいだに広めようとした。日本語出版メディアのなかでオーストラリア最大の発行部数を誇る月刊紙『日豪プレス』では，「継承日本語を考える」（「継承日本語教育を考えよう」）というタイトルのエッセイが2010年頃から2013年半ばまで連載され，JCSの役員や日本語コミュニティ言語教室の教師，HSC日本語対策委員会の関係者などが執筆を担当した[9]。こうして継承語という言葉は，シドニーの日本人移住者の親たちに急速に定着していった。

　日本人移住者は，日本で日本語を第一言語として育った。しかしその子どもたちはオーストラリアで生まれ育ち，英語を第一言語として生きていく。その子たちが必要とする日本語は，日本に生まれ日本で育った子どもや，いずれ日本に帰国する駐在員の子どもの日本語とは異なる。それゆえ日本人移住者の親は，子どもに日本語を継承したければそのために努力しなければならない。ただし日本育ちの子どもと同じように日本語を話せなくてもよい。HSCに継承語コースが設置されたことは，こうした展望を保護者に与えるものであった。

　ただし継承語コースでも，国際結婚家庭のオーストラリア育ちの生徒が良い成績をとるのは難しい[10]。しかも10歳を過ぎてから，短期間でも日本で学校教育を受けた経験がある生徒は，継承語コースではなく母語話者コースを履修しなければならないこともあった。オーストラリアの学校が休み中に

日本語習得のために子どもを日本の学校に短期間通わせるのは，国際結婚の家庭では珍しくないことであり，HSC日本語対策委員会は改善を引き続き州政府に要求した。

2. 遠隔地ナショナリズムと「政治的」活動の忌避

　HSC日本語対策委員会の事例は，地域における互助を活用した行政の支援政策に組み込まれた日本人移住者が，それを利用して言語・文化的に公正な扱いを要求する，多文化主義社会におけるマイノリティ住民としての運動であった。日本人移住者がこのような運動を発展させたことは画期的であったが，子どもの進学に関わる，親にとって身近で切実な問題であったため支持を広げることができたともいえる。

　一方，そういった身近な問題を超えた，より普遍的な問題に取り組む「市民運動」が在豪日本人のあいだに広まったことは，2000年以前にはほとんどなかった。JCSおよび全豪日本クラブの主導的人物であった男性が中心となって1990年代に展開した在外投票権獲得運動は，その数少ない事例である。海外在留の日本国籍者も国政選挙に投票できるようにしようというこの運動では，世界各国に暮らす邦人・日系人が連携した。その過程で，移住者を「日系コミュニティ」ととらえる論調がオーストラリアの日本語新聞などで見られるようになった（濱野2014: 110-121）。この「日系コミュニティ」という概念が，それまで支配的だった「海外に住んでいる日本人」という自己イメージ（前章参照）が変わる，ひとつのきっかけになったと考えられる。ただし在外投票権獲得運動そのものは，海外で暮らす日本国籍保持者が「国民」として祖国の政治に関わりたいと望むという点で，ベネディクト・アンダーソンのいう「遠隔地（遠距離）ナショナリズム」であった（アンダーソン2005）。それはあくまでも日本政府に向けた運動であり，オーストラリア市民社会に参画する要素はほぼなかった。

　2011年3月11日に発生した東日本大震災と津波被害，その後の福島第一

原子力発電所の事故(以後「3.11」と呼ぶ)はオーストラリアでも大きく報道され,日本人住民に衝撃を与えた。災害発生直後から,日本人住民は,募金活動などさまざまな支援を始めた。2001年から在豪日本人の調査を続けてきた筆者にとって,こうした動きは初めて見るものだった。というのも,筆者が接触してきた在豪日本人移住者の指導的人物の多くは,日本人は他のアジア系住民よりも「結束力がない」と嘆いていたからである(塩原2008b)。もちろんアジア系住民といっても多種多様であり,日本人がそのなかでもとくに結束力がないと断言できる根拠を筆者は持ち合わせていない。だが少なくとも2000年代はじめの移住者組織のリーダーたちのあいだで,そうした認識が広く共有されていたことは確かである。

また長友淳をはじめ多くの研究者は,在豪日本人永住者を「ライフスタイル移住」(第5章参照)の典型とみなしてきた(長友2013)。3.11直後の復興支援活動の台頭は,こうした通念にも再考を迫った。もし長友が述べるように,かれらが自己実現のために日本社会を「逃れて」オーストラリアに移住したのだとすれば,震災は心の底に眠る愛国心,すなわち遠隔地ナショナリズムを呼び覚ましたのだろうか。

しかし多くの場合,募金活動といった被災地支援は日本社会やそこに住む人々,風土への愛着に基づくものではあっても,ナショナリスト的な思想信条を明確に有する「政治的」な活動とは認識されていなかった。支援活動が在豪日本人に受け入れられたのも,それがひとつの要因であろう。筆者の調査では,保守的なものであれ革新的なものであれ,政治的な活動を敬遠する傾向が日本人移住者には根強いと思われるからである。

2000年代半ばにオーストラリアに移住してきた国際結婚女性B氏は,シドニーの日本人移住者互助活動に積極的に関わってきた[11]。B氏は3.11が起きると復興支援に取り組みはじめ,反原発運動にも関心を持つようになった。さらに,オーストラリアのウラン採掘問題にも関わるようになった。日本の原発で使用されるウランの多くがオーストラリアのウラン鉱山から採掘されており,それが環境問題や先住民族の権利侵害を引き起こしているのを

知ったからである。B氏らはイベントや映画上映会などの活動を通じて，オーストラリアの人権・環境NGOとの協力関係を深めていった。

それ以来B氏らのグループは，3.11の復興祈念イベントを毎年シドニーで開催してきた。これらのイベントでは，地震や津波の被害だけではなく原発事故の被害にも焦点を当てた。たとえば2013年には，日本のNGOと協力して招待した福島県飯舘村の住民や，オーストラリアの反ウラン鉱山運動の活動家による講演が行われた。

しかし，地震・津波の被災者支援活動には積極的でも，反原発・反ウラン採掘といった運動は政治的に偏っていると拒否感を示す日本人住民も少なくなかった。B氏は当初，反原発運動や反ウラン採掘運動の情報をSNSなどで日本人移住者に発信していたが，そうした情報に触れること自体を拒絶する人々がいたため，独自のフェイスブックページを作成して問題意識を共有する人々とだけ情報交換するようになった。同様の理由で，反原発・反ウランを強調したイベントで現地日本人団体の協力を得ることは難しかった。オーストラリアの鉱山産業とも関わりが深い日本企業で働く駐在員もいるのだから，そのような主張をすべきではないという声もあった。もちろん，オーストラリアのNGOとともに熱心に反原発や反ウラン採掘の活動に取り組む日本人もいるが，それはあくまでも少数派だったという。

3．トランスナショナリズムの萌芽

これまで調査を通じて出会った日本人移住者のなかでも，とりわけ日本クラブや日本人会といった比較的大きな組織から距離を置く人のほうが，在豪日本人は保守的だと主張することが多い。かれらがいう「保守的」には，先述した明確に自覚されない遠隔地ナショナリズムと，既存の秩序に異議を申し立てる政治的な活動を敬遠する意識という，ふたつの要素が含まれている。HSC日本語対策委員会の活動は，日本語・日本文化の継承に重点を置くという点で前者に合致する。また，子どもをオーストラリアの大学に進学させ

たいという活動の動機は，オーストラリア社会の既成の秩序に反旗を翻すようなものではない。むしろHSC日本対策委員会の中心メンバーには，ミドルクラス的な生活を享受する高学歴の日本人も多い。それゆえロビー活動もしたとはいえ，HSC日本語対策委員会に関わった人は，自分たちが政治的に偏った活動をしているとは考えなかったと推測される。

　しかし在豪日本人移住者のなかでも，こうした保守的な価値観にそぐわない運動に携わる人もいる。オーストラリアの市民社会と協働しながら，平和や人権，環境といったグローバルな価値を追求するものである。そうした運動を3.11以前から展開していた数少ない団体のひとつに，メルボルンの「ジャパニーズ・フォー・ピース（Japanese for Peace: JFP）」があった[2]。これは2005年に，広島・長崎原爆投下60周年祈念イベントを企画した日本人国際結婚女性らが設立した団体で，オーストラリアの非営利団体に登録された。オーストラリアの環境・反戦NGOなどと協働しながらイベントを成功させ，その後もヴィクトリア州の多文化主義・移民コミュニティ関係の助成を得て平和コンサートや映画上映会などを毎年開催するようになった。シドニーと同様，メルボルンでも日本人移住者にはこうした活動に無関心だったり避ける人が多かったというが，賛同する人も少数ながら存在した。

　JFPの中心メンバーのひとりであったC氏は，国際結婚して1990年代半ばにメルボルンに移住した日本人男性である。C氏には日本で市民運動に取り組んでいる知人がおり，また職業柄，オーストラリアの鉱山産業による環境破壊や先住民族の権利侵害の実情に詳しかった。3.11の後，JFPは日豪の反核・反原発・反ウラン採掘運動などと連携を強化していった。そしてオーストラリアの環境破壊や先住民族の権利を侵害するウラン採掘に，日本の原発や企業が深く関与してきたことを問題提起するキャンペーンを始めた。震災から1周年の2012年3月11日には，オーストラリアの市民運動の助力を得てメルボルンの中心街で数百人を動員し，反ウラン鉱山・反原発を訴える集会とデモ行進を成功させた。またウラン鉱山開発に反対する現地のアボリジニ指導者との交流や，日本のNGOと協力して福島県飯館村の関係者の講

演会を実施するなどの活動を展開した。これらは日本とオーストラリアの市民運動のトランスナショナルな連携を目指し，それぞれのナショナリズムを超えたグローバルな価値を追求したものだったといえる。

　しかしC氏は，3.11の衝撃にもかかわらず，メルボルンの日本人移住者には市民意識が根付かないと嘆いた。C氏によれば，一時的に盛り上がった活動も，「復興支援」という名のナショナリズムに回収されてしまった。もちろん，原発やウラン採掘の現状に疑問をもち，オーストラリアの市民運動に加わろうとする日本人も一部にはいた。しかし結局は「既得権益を守ろうとする中産階級的な生活保守主義」のなかに埋没してしまったと言う。その後，JFP自体も中心メンバーの個人的事情や若い人材の不足により，2015年に解散した。JFPは小さなボランティア団体ながら，日本人移住者の社会参加のあり方に少なからぬ影響を与えた重要な事例であった。

4．保守的価値観との交渉

　シドニーを拠点とするB氏たちの反原発・反ウラン採掘運動は，メルボルンですでに活動していたJFPの影響を受けたが，やがて独自の方向に発展した。B氏らも日本人移住者に根強い保守的な価値観に直面した。しかしB氏らは，そのような価値観をもつ人にも受け入れられるように，活動の方向性を柔軟に調整していった。その結果，活動の力点は福島原発事故で避難している子どもや若者たちの支援に移った。

　B氏はかつて欧州に住んでいた折，チェルノブイリ原発事故の際に原発周辺に住む子どもたちを短期間，放射能の影響のない場所に受け入れて保養させるホームステイ活動が成果を挙げたことを知った。そこで，福島の若者たちを対象に同じような保養ステイ活動をしようと思いついた。「レインボーステイ・プロジェクト」と名付けたこの計画は，2011年8月に第1回が実施された。B氏ら日本人住民がボランティアで協賛企業や資金援助を募り，福島の若者10名をシドニーに10日間招待した。参加者は現地の人々の家庭

に滞在しながら，歓迎行事などの活動に参加した。B氏自身，このような活動に果たして意義があるのか半信半疑だったが，参加した若者たちがオーストラリアの豊かな自然や人々との交流のなかで心を開き，自分の将来について前向きになる様を目にして，その後も活動を継続しようと決めたという。

こうしてレインボーステイ・プロジェクトは，毎年1回実施されるようになった。オーストラリアや日本のマスメディアにもたびたび紹介され，協力してくれる現地や日本の企業，寄付金も年を追うごとに増えていった。プロジェクトの認知度が上がり，また事務手続き上の事情もあって，2013年からはJCSの事業として継続することになった。活動は「JCSレインボー・プロジェクト」と改称され，B氏はJCSの幹部となった。JCSの事業になって日本人移住者のあいだの信用も高まり，外部からの協賛や支援も得られやすくなったという。

プロジェクトの運営は依然としてボランティアが担い，B氏を含めた少数の中心メンバーと，日本人住民のネットワークを通じて集まった多数のスタッフが協力した。原発問題に関心をもつアボリジナルの長老が歓迎セレモニーを毎年開いてくれたり，地元の政治家や自治体，学校なども積極的に協力してくれた。2014年からは，福島の苦境に共感するオーストラリアの労働組合から潤沢な資金援助を受けるようになった。こうしてB氏らの活動はオーストラリアの市民社会や行政とのつながりをますます強め，さらに日本の慈善団体やNGOなどとも国境と越えた協力関係を築いていった。

2016年3月に開催された5回目の3.11復興支援イベントでは，震災直後に外国政府要人としていち早く被災地入りしたギラード元首相のビデオメッセージが上映された。2日間のイベントでは，日本から参加したゲストやシドニー在住日本人のさまざまなグループ，オーストラリアの政治家や被災地支援に関わった人々，東北地方の大学の学生などが，パフォーマンスやワークショップ，スピーチ，物品販売などを行った。先述したオーストラリアの労働組合をはじめ，さまざまな企業や団体がスポンサーとなった。また，JCSだけではなく駐在員中心の日本人会や日本総領事館などの協力も得て，

大変な盛況となった。3.11から5年を経ても、オーストラリアの多くの人々がいまだに被災地に心を寄せてくれていること、また東北のために何かをしたいと感じている在豪日本人がたくさんいることを、B氏は強く感じたという。

シドニーでのB氏たちの市民活動は、2017年現在でも活発に展開している。メルボルンと比べてシドニーは日本人住民の人口が多く、しかも前章で述べたように1990年代以降、移住者互助組織が発展してきたこともその一因である。さらにB氏は、日本人移住者に根強い、政治的活動を忌避する保守的な価値観と両立できるように、活動の方向性を調整してきた。復興支援イベントの際にも、福島の現状に対する問題提起のみが目立つことのないように、プログラムや展示の内容を慎重に検討した。こうした柔軟な姿勢によって反発を防ぎながら、B氏らは日本人移住者の互助活動によって発展してきた制度的資源や人的ネットワークを活用して活動の規模を拡大させていくことができた。

その代わり、メルボルンのJFPが行ったような反原発・反ウラン採掘のラディカルな問題提起は、シドニーでは主張しづらくなった。B氏は個人的にはこうした問題意識を持ち続けているというが、復興支援イベントなどの場では、原発問題を取り上げることに抵抗感をもつ参加者やスタッフもいる。それでも、B氏らは2016年8月に実施された第6回JCSレインボー・プロジェクトに、福島県内で伝統芸能を守る活動をしている中高生をオーストラリアの団体と協力して招待し、パフォーマンスを披露してもらうなど、福島の現状を伝え続けている。『日豪プレス』でも原発やウラン採掘問題に関する記事が連載されるなど、この問題に関心を抱く在豪日本人も少しずつ増えてきているという[13]。

5. フレクシブルな市民から「根付いた」市民へ

前章と本章で得られた知見は、必要であれば母国への帰還や他国への再移

住を試みる「フレクシブルな市民」としてのグローバルな多文化的ミドルクラスである在豪日本人という，かつてのイメージに修正を迫る。第5章でも述べたように，グローバルな多文化的ミドルクラスは，その人的資本に基づいてビザを付与される人々である。しかし日本語コミュニティ言語教室，日本語コミュニティ・プレイグループ，HSC日本語対策委員会，レインボー・プロジェクトといった活動は，技能移民ビザをもつ日本人だけが担ってきたわけではない。むしろ，国際結婚によって永住ビザをもつ日本人（その多くが女性）が中心であった。しかし，日本語コミュニティ言語教室や日本語プレイグループに関わる女性たちは，スキルや英語力が比較的高く，日本，オーストラリアないしそれ以外の国での職業経験がある人が多い。それゆえ，彼女たちもグローバルな多文化的ミドルクラスであり，とりわけ結婚や育児を経た女性がオーストラリア社会に再び参入するにあたり，これらの活動は一定の役割を果たしていた（塩原 2017b）。

　シドニーの日本人は，移住者であることを自覚し，生活していくうえで直面するニーズを充足するために行政の支援制度に関わり，そこで得た資源を積極的に活用するようになった。とくに，子育てや教育という，ライフステージの変化にともなって生じた生活上の課題が大きく関係していた。見落とされがちであるが，エリートやミドルクラスと呼ばれる人もライフステージの変化を経験する。そして，かれらのニーズや価値観，家族構成も変化していく。高度人材であっても，決して自分や家族の生活を自由自在にリセットし，再構成できるわけではない。生活上の変化によって生じた課題に対処するために，かれらもまた，移住先の行政や地域社会に深く関わっていかねばならなくなってくる。

　こうして，「特別な人々」であり，「フレクシブルな市民」の典型のように思われていた日本人移住者は，オーストラリア社会に根付いていった。それは在外邦人としての「日本人」から，オーストラリア社会を構成する「日系移民」へのアイデンティティの変容であり，移住者としての公正な承認をオーストラリア社会に要求する意識の広まりであった。そこから，遠隔地ナシ

ョナリズムとも抽象的な普遍主義とも異なる，移住先社会に「根付いたコスモポリタニズム」（鈴木 2017）に基づく，トランスナショナルな市民活動の実践も生み出される。かれらはフレクシブルに国境を越えて自己の利益を最大化する代わりに，子どもたちがオーストラリア社会で自尊心をもって育ち，より公正に扱われるように，あるいは，自らと家族の住む土地で行われている不正義を問いなおすことを市民としての役割と自覚して，行動することを選ぶ。

　こうしてシドニーの日本人移住者は，現地社会に根付いてきた。だが考えてみれば，自分の住む場所にまったく愛着や関わりをもたず，経済的な合理性に基づいて移動する人々という，先行研究が予想した「フレクシブルな人々」あるいは国家が想定した「望ましい人材」のイメージそのものが，非現実的だったのではないだろうか。自らの出身地ではない場所でも，何かのきっかけで，さまざまな活動を通じて，その場所に根付いていくことはある。そのとき，その場所はその人にとっての「第二の故郷（ホーム）」と感じられるはずである。現代における移住とは，ひとつのホームから離れて次のホームをつくりだすこと，それと同時に，もとのホームとの関わりも維持し続けることに，ほかならないのではないだろうか（三浦 2015）。

注
1) 本節の内容については，塩原（2016c）も参照。
2) NSW 教育委員会ウェブサイト http://www.boardofstudies.nsw.edu.au/hsc/（2017 年 5 月 9 日アクセス）。
3) NSW 教育委員会ウェブサイト http://www.boardofstudies.nsw.edu.au/syllabus_hsc/course-descriptions/languages.html（2015 年 4 月 25 日アクセス）。
4) HSC の試験問題は，以下で見ることができる。http://educationstandards.nsw.edu.au/wps/portal/nesa/11-12/Understanding-the-curriculum/resources/hsc-exam-papers（2017 年 5 月 9 日アクセス）。
5) 筆者は 2010 年 8 月と 2015 年 8 月に，HSC 日本語対策委員会のミーティングや集会に参加させていただき，関係者のお話を伺った。本節での記述は基本的には公開されている情報に基づくが，その裏付けには，こうした調査から得た知見が反映されている。

6) HSC日本語対策委員会ウェブサイト http://www.hscjapanese.org.au/（2015年4月25日アクセス）。
7) 同上。HSCJC Newsletter No. 5, March 2013。HSCJC Newsletter No. 4, 20 December 2011。
8) HSC日本語対策委員会ウェブサイト http://hscjapanese.web.fc2.com/index.html（2014年10月7日アクセス）。
9) たとえばオークス直美「継承語教育とは」『日豪プレス』2010年5月号。
10) HSC日本語対策委員会ウェブサイト http://hscjapanese.web.fc2.com/m_sabetu.html（2014年10月7日アクセス）。
11) 以下、2011年8月から2016年3月にかけて複数回実施したB氏からの聞き取りと、イベントの視察に基づく。
12) 以下、2007年9月から2016年1月まで複数回実施したC氏を含む同団体関係者へのインタビューや、同団体のイベントに参加した際に得た情報に基づく。
13) 「ルポ　原発問題を考える」http://nichigopress.jp/category/interview/genpatsu/（2016年3月18日アクセス）。

終章

空間的統治の拡大と分断される社会

1. 社会統合政策と出入国管理政策の連動

　本書では，2007-13年のラッド＝ギラード労働党政権の時期における，オーストラリアの先住民族，庇護希望者，技能移民の受け入れ，そして移住者の支援という諸政策を批判的に検討した。北部準州緊急対応政策から全国展開した「場所を重視した」収入管理制度（第2章），「格差是正の取り組み」と先住民族の土地権をめぐる改革（第3章），「地域社会を活用した」庇護希望者抑留（第4章），技能移民の選別の強化と移住労働者の地方への誘導（第5章），そして移住者の「互助を活用した」支援政策（第6章）。本書ではなるべく「コミュニティ」というカタカナを使わずに訳し分けたが，これらはいずれも，英語ではcommunity-basedと形容されうる政策や方針である。行政の制度的管轄も対象者も異なるこれらの政策で，なぜ同じ方針が，しかも同時期に実施されたのかという疑問に本書は答えようとした。事例研究を詳細に検討した結果確認されたのは，これらの政策はいずれも，地域社会・共同体に行政が何らかの働きかけをすることで，マイノリティ住民に自己責任の規範を押し付け，経済的な合理性と政策上の効率性を追求する「コミュニティを通じた統治」（序章参照）の徹底であったことである。

それは，オーストラリアで新自由主義の影響が拡大した帰結である。
　第1章で述べたように，オーストラリアにおいて，多文化主義はもともと移住者の社会統合，すなわち「多様性の中の統一」を目指す理念であった。しかし1990年代後半から2000年代初頭，この「多様性」に先住民族を含めるという公式の解釈が広まった。それは，この大陸における「最初の（第一の）人々（First people）」として，他の移住者とは異なる固有の権利（先住権と土地権）を求める「権利重視の」先住民族運動を抑え込むのに，多文化主義の理念が利用されたことを意味した。こうして，オーストラリアの多文化主義とは先住民族や移住者の集団的権利を保障するものではなく，個人としての文化的多様性を尊重することであると，公式に再定義された。それはリベラル・デモクラシーに基づく国民統合に抵触しない範囲で文化的差異を承認する，「リベラルな多文化主義」の原則を追認するものであった（第1章参照）。
　一方，序章で述べたように，新自由主義は社会政策を残余主義的なものに変質させる。すべての市民（国民）に社会的シティズンシップを保障するためにではなく，自立できないとレッテルを貼った一部の人々に，政府が恩恵として必要最低限与えるものとなるのだ。そしてその恩恵を受けた人は，自己責任によって「福祉依存」から脱することを強く求められる。第2・3章で検討したように，先住民族政策の改革にも，こうした変化が大きく影響していた。また第6章で明らかにしたように，移住者の支援でも，自己責任を前提とした効率化の傾向が確認された。こうして，先住民族や移住者の集団としての自己決定を保障する公的支援は，周辺化されていった。さらに，支援の現場における事業の効率化とアウトソーシングが進行した。第4章でも見たように，支援団体は事業を請け負う「サービス提供業者（service provider）」として行政への依存を強めたため，異議申し立てをしづらくなった。
　それと同時に，第5章で触れたように，ミドルクラスの人々の多様性は創造性と生産性をもたらすので，経済的な競争力を高めるために導入して活用すべきという「ミドルクラス多文化主義」の言説が影響力を強めた。それは

コストが少ないミドルクラスやエリートを優先するという，移民の受け入れにおける選別の強化を正当化した。最も優先順位が高いのはグローバル・エリートであり，技能移民（グローバルな多文化的ミドルクラス），家族移民，正規の経路で入国する難民や人道的見地からの受入者と続く。最も優先順位が低いのが庇護希望者，とりわけ船によって非正規入国した人々（IMA）であり，犯罪者やテロリストといったマイナス・イメージを押し付けられ，排除される（第4章参照）。この優先順位がかつてなく明確になったのが，ラッド＝ギラード労働党政権期であった。

　こうしてオーストラリアでは新自由主義によって，移住者・先住民族への社会統合政策としての多文化主義が変容し，移住者の受け入れ（出入国管理政策）と連動するようになった。これが第5章で紹介した「ネオリベラル多文化主義」である。それは経済的に国益に資する文化的に多様な人材を優先して受け入れて活用しながら，人々を自己責任という価値観を基準として序列化する政策であり，それを効率化・民営化していく改革である。本書で検討してきたのは，この改革が進展した結果生じた，自己責任の原則に従って人々に自立を促すために地域社会やそこで繰り広げられる人間関係としてのコミュニティに介入する，行政による新自由主義的な空間統治のあり方だったと再解釈できる。

2. 新自由主義的な空間統治

　community-based という言葉には，エスニック・マイノリティの社会参加やエンパワーメントを目指し，住民の主体性を尊重する好ましいイメージがある。もちろん，そのような側面があるのは確かであり，本書でも，community-based という発想はすべて新自由主義的な改革を隠ぺいするものだと主張したいわけではない。だが新自由主義に抵抗する拠り所とみなされることの多いコミュニティが，新自由主義を促す空間統治の手段になりうることを示した本書の試みは，意義がある。

新自由主義的な空間統治は2007-13年の労働党政権期に拡大したとはいえ、その前後の保守連合政権にも見られた。しかし、保守連合政権では先住民族を標的とした福祉ショーヴィニズムや、庇護希望者に対する排外主義といった世間の風潮に訴えて政策を正当化する傾向が強く、自己責任論・効率化・民営化という新自由主義的な側面は目立ちにくい。だがオーストラリアの二大政党制の一翼を担う労働党は、保守連合よりもリベラルで、多文化主義や難民・庇護希望者への人道的配慮にも親和的と思われてきた。保守連合政権と差別化を図るためにも、露骨にエスニック・マイノリティに高圧的・排外的な姿勢をとるわけにはいかない。しかし労働党政権にせよ保守連合政権にせよ、グローバル経済のもとである程度、新自由主義的な政策をとらざるを得ない側面がある。とくに2008年に起こった世界経済危機は、ラッド＝ギラード政権の選択肢を大きく狭めた。経済危機が叫ばれるなかエスニック・マイノリティの社会福祉を拡充すれば、マジョリティ国民の反発を招き、野党の保守連合を利することになるからである。それゆえエスニック・マイノリティ政策の新自由主義的改革を進め、排外主義的な傾向を強める世論を納得させるしか、政権に選択肢はなかった（塩原2015b）。

　こうしてラッド＝ギラード労働党政権のエスニック・マイノリティ政策は、リベラルを装いつつも実質的にはネオリベラルな改革を推進したのだった。その結果、まったく異なった政策であるはずの先住民族政策、庇護希望者政策、技能移民の受け入れ、移住者の定住支援で、いずれも新自由主義的な空間統治が進んでいった。

　さらに本書での考察は、先住民族や移住者たちに対する新自由主義的な空間統治にいくつか異なるパターンがあることを示唆した。まず第2・3章で分析した先住民族政策や収入管理制度は、福祉国家的社会政策を充実させるための手段であった地域共同体が、個人の自立や自己責任という新自由主義的な規範を徹底するための手段になるという、ローズの提起した「コミュニティを通じた統治」の典型といえる。

　それに対して、第4章で分析した地域社会を活用した庇護希望者の抑留、

第6章で検討した移住者の互助を活用した支援では，行政が負担していた政策のコストを，州・地方自治体や地元のNPO，あるいは当事者の互助活動などに転嫁する傾向がみられた。これは個人に自己責任の規範を植え付けることよりも，行政サービスを民営化・効率化し経費を節減することに主眼をおいている。その意味で「コミュニティへのアウトソーシング」といえる。これには，当事者の人権や社会の構成員としてのシティズンシップを保障する行政の責任を免れるという側面もある。それが極端な形で現れたのが，庇護希望者の地域社会への「放置」であった。
　さらに第3章でみた，先住民族がホームランドから転出するように「自己決定」させる施策や，第5章で述べた，技能移民に地方で就労することを選択させるビザ制度，そして半熟練・非熟練移住労働者の地方への導入策などには，先住民族や移住者がどこに住み働くのかを，経済合理性と政策の効率性という観点から最適化しようという意図がうかがえた。これらは，非正規に船で入国した庇護希望者の「パシフィック・ソリューション」（第1章参照）のように，特定の場所に行くよう強制されるのではなく，あくまでも本人の自己責任のもと，結果的に政府の望むよう地理的に最適配置する統治の技法である。
　コミュニティを通じた統治，コミュニティへのアウトソーシングや放置，そして自己責任に基づく地理的配置という，本書が示した3つの空間的統治の形態は，多文化主義をある程度肯定しながらも，新自由主義的な改革の圧力にさらされている他の先進諸国でもみられる可能性がある。それゆえ，オーストラリアの事例研究をもとに提起したこの類型を，他の国々の政策や状況と比較し一般化していくことが，今後の課題のひとつである。

3. 段階づけられたシティズンシップ

　新自由主義的な空間統治の台頭は，マイノリティに対してだけではなく国民国家におけるシティズンシップのあり方そのものに影響を与える。近代国

民国家は，その領域に帰属する国民に対等な権利や義務を与えることを目指した。同じ国民でありながら待遇が異なる「特権的国民」や「二流国民」が生じるのは，避けるべきこととされた。ただし，国民は外国人よりも優遇されることは自明視された。もちろん，国際人権規約や難民条約が謳う普遍的人権の理念や多文化主義は，国民と外国人をなるべく平等に扱うよう求めるが，両者が完全に平等になること，ましてや外国人が国民よりも優遇されることは想定されていない。しかし，グローバリゼーションと新自由主義の進行は，そのようなシティズンシップの前提を変えていく。それが序章で述べた新自由主義的な「例外化」であり，マイノリティに対する新自由主義的な空間統治は，そのための社会実験となる。

第6章でオングの「フレクシブルな市民」という概念を紹介したが，国家にとって望ましいこうした移住者を勧誘するための例外的措置は，ビジネスだけではなく居住・生活環境全般に及ぶ。こうした人々は，「特権」を付与されて歓迎される。それは家事使用人の帯同の許可や親を呼び寄せやすくする便宜であったり，納税における優遇・軽減措置だったりする（Urry 2014: 226-240; McNevin 2011: 46-53）。その見返りに，かれらは自己責任のもとに能力を高め，企業活動に積極的に参加する「ネオリベラルな市民」「アクティブな市民」であることを期待される（序章参照）。その典型が，第5章で触れた「オリンピック・シティズンシップ」を享受する，一握りのグローバル・エリートである。そしてグローバルな多文化的ミドルクラスとしての技能移民は，自己責任の規範を内面化し国境を越えて移動していくことで，その領域に近づこうとしている。ただし第5章での考察では，大半の移住者はそうした特権や自由を付与されるに至らず，むしろ政府の空間的統制によって都合よく配置される（移動や居住の権利を一時的にでも制限される）対象になりうることも示された。

それでもグローバル・エリートやグローバルな多文化的ミドルクラスには，一時滞在者から永住者，そして国民へと地位が向上する可能性がある。それに対して，半熟練・非熟練移住労働者は原則的に一時滞在者としてのみ在留

が許され，権利や労働条件を制限される（第5章）。そして地域社会を活用した抑留の対象となった庇護希望者は，正式なビザを持たないため一層厳しい状況に置かれる（第4章）。かれらは物理的には国内に留まりながら，法律的な「例外」として，ほとんど法的庇護もないまま放置される（Johnson 2014: 1-12）。そしてラッド゠ギラード政権が結局復活させた「パシフィック・ソリューション」は，新たに非正規入国しようとする庇護希望者を物理的に国外に放逐する。

　一方，第2・3章の分析により，オーストラリア国籍を有する先住民族でさえ，自己責任の規範と効率化の名のもとに権利を制限されることを示した。かれらは市場経済のなかで自立を要求された結果，先祖の土地とのつながりを奪われ，自立できない人とみなされれば，特殊な制度で管理される。十全たるシティズンシップをもつ資質のない「二流国民」として扱われるのだ（Cohen 2009）。

　このように，制度的に優遇されたり排除されたりする人々が出現するということは，人々の権利の保障や義務の度合いに序列がつけられるという，オングのいう「段階づけられたシティズンシップ」の進行を意味する（オング 2013: 124-126）。利益をもたらさない，また，自立と自己責任が果たせないとされた人々の権利や尊厳は制限され，それらの条件を満たしたとされる人々に特権が与えられる。その結果，国民社会のなかに異なる権利や義務を付与された人々が混在したり，特定の地域に集住するような状況が広がっていく。新自由主義的な空間の統治が進行すれば，国民国家の領域的シティズンシップは分断されるのである。

4．進行する社会的分断

　このナショナルな領域的シティズンシップの分断は，エスニック・マイノリティだけの問題ではない。マイノリティの人々に対する例外的措置のはずが，より広い範囲に適用することを目指す社会実験の性格を帯びるからだ。

北部準州をはじめとする遠隔地の先住民族共同体向けの施策として導入された収入管理制度は，労働党政権では全国的な社会福祉制度改革の実験として位置づけられた。そして次第に他の地域や，先住民族ではない貧困層も対象となっていった。本書が分析の対象としたのは，主に第2次ラッド労働党政権が総選挙で敗北した2013年9月までであるが，それ以後のアボット゠ターンブル保守連合政権でも同様の傾向がみられる。2017年前半の時点で，ベーシックスカードに代わって「健康福祉カード」を導入し，適用範囲をさらに拡大することが検討されている（第2章）。

　庇護希望者政策でも，アボット゠ターンブル保守連合政権下で非正規の入国を厳しく取り締まる姿勢はさらに強まった。同様に重要なのは，ハワード政権期に批判を浴びてラッド政権が廃止した，非正規入国した庇護希望者の一時保護ビザ（TPV）を再び導入すると2014年に決定されたことである（ARKCIRL 2017）。しかし復活した一時保護ビザには，以前とは異なる特徴があった。第1章で述べたように，ハワード政権では，オーストラリアに正規の経路で難民として入国した人は永住ビザが取得できるが，非正規に入国した後に庇護申請した人は，たとえ難民と認められてオーストラリアに住むことが許されても一時保護ビザしか与えられず，永住ビザに切り替える道も家族を呼び寄せる道も閉ざされた。しかしアボット゠ターンブル政権では，一時保護ビザを交付された人は「安全な避難地での挑戦（Safe Heaven Enterprise: SHE）」という新設のビザに引き続き申請できるようになった。一時保護ビザの期限は3年間だが，SHEビザは5年間の就労・就学が可能である。さらにSHEビザの交付から3年半は，政府が「地方」と指定した地域で一定の基準を満たして就労・就学すると，永住ビザを取得する道が開ける[1]。この方法でしか永住ビザを取得できないのであれば，庇護希望者には選択の余地はない。こうして，人道的援助を求めて危険を冒して非正規入国した人々を，労働力として人手不足の地方で活用する体制が整えられた。第5章で検討した連邦政府の半熟練・非熟練労働者を地方に送りこむ施策の一環として，庇護希望者を労働者として地理的に配分する仕組みが加わったのである。

その第5章で検討した技能移民の受け入れでは，ターンブル政権は2017年4月，長期滞在技能労働者を受け入れるための457ビザを翌年3月までに廃止し，新たなビザを導入すると発表した。ターンブルは，ラッド＝ギラード労働党政権期に急増した457ビザ労働者が，技能労働とはいえないような職にまで進出して「オーストラリア人の仕事を奪っている」と非難し，新たに導入する「一時滞在人手不足技能職種（Temporary Skill Shortage: TSS）」ビザは，オーストラリア人の雇用を最優先するとした[2]。TSSビザは，対象の職種を457ビザよりも大幅に絞り込み，ビザを取得するのに必要な英語力や実務経験などの基準が引き上げられた。そして最長2年間の短期ビザと，最長4年の長期ビザに分かれ，短期ビザは更新1回のみで，永住ビザへの切り替えはできないと定めた。一方，長期ビザが交付される職種はもっと少なくなるが，更新は複数回でき，ビザを取得して3年後には永住ビザへの切り替え申請が可能とした（DIBP 2017）。

　この457ビザの廃止とTSSビザの導入には，保守連合政権になって強まったオーストラリア社会の排外主義的な風潮が影響を及ぼしているとみてよい。2014年12月にシドニーの中心部で起こった，中東系のイスラム過激主義者による銃撃・立てこもり事件の前後から，メディアや政治家の反イスラム的な主張が目立つようになった（Kobayashi 2017）。2015年頃からは，「オーストラリアを取り戻せ（Reclaim Australia）」という反イスラム・極右の草の根運動が台頭した。2016年の連邦総選挙では，1990年代後半に社会現象となったがその後低迷していた極右政治家ポーリン・ハンソンが率いるワン・ネイション党が，上院で一挙に4議席を獲得した。国際的にも，英国のEU離脱の国民投票や米国のトランプ政権の誕生などがあったこの時期に，ターンブル政権が総選挙の敗北を受けて，支持を回復するために「オーストラリア人第一」の姿勢を打ち出したことは想像に難くない。

　とくに注目したいのは，新たに導入されるTSSビザが，よりオーストラリアにとって必要な職種に従事する人には長期滞在と永住ビザ取得の可能性を与え，そうではない人には道を閉ざしたことである。これは技能移民の選

別をさらに強める制度の変更である。第5章で述べたように，労働党政権期には457ビザは半熟練労働者を導入するためにも活用されていた。TSSビザには，こうした人々を永住ビザを取得できる一時滞在技能労働者と明確に区別する意図があるように思える。このビザの交付が始まれば，永住ビザを得られず，十全なシティズンシップへの道を閉ざされているにもかかわらず，1度の更新を含めて最長4年間滞在する一群の人々が，オーストラリア社会に出現することになる。

　なお，近年目立つ反イスラムの風潮は，本書で論じてきた新自由主義の影響とはやや異なるかたちで，オーストラリア国家におけるシティズンシップにさらなる分断をもたらした。2015年に国籍法（Australian Citizenship Act）が改正され，テロ集団に関与したオーストラリア国民が他国の国籍も所持する重国籍者である場合，移民大臣はその者のオーストラリア国籍を速やかに剥奪できることになったのである（坂東 2016: 270-276）。その者が出生に基づいてオーストラリア国籍を取得したか，帰化して取得したのかは問われない。

　一般にオーストラリアで生まれた人は，両親のどちらかがオーストラリア国籍か永住権を持っていれば，オーストラリア国籍を取得できる。その際，他国の国籍の放棄は求められない（重国籍を認めている）。それゆえ移住者の子でオーストラリア生まれでも，親の出身国の国籍も保持していれば，オーストラリア国籍が剥奪される対象となりうる。剥奪の理由はテロ活動への関与にほぼ限定されるとはいえ，テロ活動の定義の拡大解釈や冤罪の危険性を考えれば，オーストラリア国籍を持った人々のなかにすら，政府によって国籍を剥奪される可能性が比較的高い人とそうではない人の分断が生じることになる。2017年2月には，この法改正によってはじめて，「イスラム国」のメンバーであるレバノン系住民のオーストラリア国籍が剥奪された[3]。

5. ホームを取り戻す

　こうして，エスニック・マイノリティに対する新自由主義的な空間統治の

拡大として本書が捉えてきた現象が，実はより根本的な国民国家の変容の現れであったことが見えてくる。それは，平等な国民的シティズンシップの実現を目指した福祉国家が新自由主義によって衰退した結果，人々が経済的な価値と自己責任の原則を果たす能力に応じて，格差のある恩恵や権利のもとに段階づけられたシティズンシップへ割り振られていく過程なのである。こうした政策は，まず例外的措置としてマイノリティに実験的に導入される。社会的に弱く目立たない人々を対象とした「社会実験」は，「成功した」と見せかけるための印象操作を行いやすい。その結果，「例外」は「成功事例」となり，新自由主義的改革の広がりとともに全国に展開される。また，グローバリゼーションの時代には，こうした国内政策は出入国管理政策と連動せざるを得ない。先進諸国の移民受入政策の選別化の進行の背後には，そのような要因があるのかもしれない。

そして2013年以降のオーストラリアでは，ラッド゠ギラード労働党政権期よりも排外主義的ナショナリズムが力を増し，こうした傾向に拍車をかけている。貧困層やエスニック・マイノリティがますます周辺化されるだけではなく，マジョリティ国民のあいだにも「内なる敵」が絶えず生み出され，他者化されていく。こうして階層や政治信条，そしてシティズンシップの保障の程度というさまざまな面で，国民社会の分断は深まっていく。

これは日本にとっても他人事ではない。近年，日本政府も高度人材ポイント制度や「高度人材」という在留資格を新設し，グローバル・エリートを特典付きで誘致し，早期に永住ビザを取得させる仕組みを整えた[4]。また，特区制度を利用してグローバルな人材や資本，およびそれを補完する家事労働者などを導入する動きもある（町村 2015）。日本版の多文化主義とも言える「多文化共生」の公的な言説でも，多様性を創造性や生産性の源泉として礼賛する主張が強調されるようになった（塩原 2015a）。技能実習制度などを活用して，建設業や介護といった人手不足の深刻な業種に永住を前提としない半熟練・非熟練外国人労働者を積極的に導入する動きも活発化している。その一方で，事実上の移民である外国人住民の貧困問題が顕在化し，それが次

世代に連鎖しているという指摘もある（移住連貧困プロジェクト編 2011）。先住民族であるアイヌ民族の深刻な貧困問題も続いている。非正規滞在外国人は 2000 年代の厳格な取り締まりによって急減し，2012 年の入管法改正で社会保障制度からますます排除され不可視化された（旗手 2014）。そして難民申請者（庇護希望者）の大半は，きわめて消極的な日本政府の方針のもと，そもそも日本に入ることを許されない（石川 2014）。

こうしてみると，本書で考察してきたオーストラリアの事例と日本の現状は，決してかけ離れているわけではない。それに加えて，在日コリアンらに対するヘイトスピーチ，生活保護受給者へのバッシング，障がい者へのヘイトクライム，非正規滞在者や重国籍者への偏見など，民族的・社会的マイノリティに対する不寛容で排外主義的な風潮が強まっていることも共通している。オーストラリアの事例が示しているのは，こうした排外主義と新自由主義が結びついた先に，シティズンシップの分断が待ち受ける可能性である。

そのような将来を望まないのであれば，シティズンシップの分断を抑制する何らかの手立てを構想しなければならない。それがナショナルな領域的シティズンシップの再興であるべきなのか。果たしてそれが可能なのか。あるいは，それとは異なった社会的連帯の再構築がありうるのか。これらの問いについて考察することは本書の目的ではない。あえて言えば，第 7 章での考察からそのヒントが得られるかもしれない。そこで示されたのは，ネオリベラルでフレクシブルな市民であるグローバルな多文化的ミドルクラスという政府にとっての理想像が，現実の人々の姿とは異なるということであった。かれらは，実際には程度の差こそあれ，移住先社会でより良く生活するためのニーズを抱えている。それゆえに政策や制度を活用しつつ，政府に異議を申し立てることもある。その過程で他者とつながり，協働することを通じて，帰属感覚が育まれ，その場所はかれらにとっての「第二の故郷（ホーム）」となっていく。ある社会を「祖先の土地（ホームランド）」とする先住民族，そこを「居場所（ホーム）」として生まれ育ったマジョリティ国民，そして，そこを第二の故郷（ホーム）とする移住者たち。同じ「ホーム」を共有する

人々のあいだで，どのようにしたらその社会で共に生きることができるか，対話を始めることが可能なのではないか。

　新自由主義は，福祉国家的社会政策とコミュニティ，そしてデモクラシーの機能を低下させ，ゆとりと居場所，すなわち時空間的な自律性を私たちの日常から奪っていく（塩原 2017c）。したがって，それに抵抗するためには場所に根付いた人々の民主的な対話を促すことから始めなければならないだろう。オーストラリアでも日本でも，「まちづくり」「地域づくり」「居場所づくり」といった取り組みは，エスニック・マイノリティへの支援も含め，注目されるようになった。それぞれのホームを奪おうとする新自由主義から「ホームを取り戻す」協働が，そこから始まっていくのかもしれない。そのためにも，community-based という発想に紛れ込む，権力側の新自由主義的な空間統治を見極める必要があるのだ。

注
1) 連邦移民省ウェブサイト https://www.border.gov.au/Trav/Refu/Onsh（2016 年 11 月 4 日アクセス）。
2) 連邦移民省ウェブサイト　http://www.minister.border.gov.au/peterdutton/2017/Pages/putting-australian-workers-first.aspx（2017 年 5 月 10 日アクセス）。
3) Maley, Paul, "Khaled Sharrouf stripped of citizenship under anti-terror laws," *The Australian*, Feb. 11, 2017.
4) 法務省ウェブサイト http://www.immi-moj.go.jp/newimmiact_3/index.html（2017 年 4 月 14 日アクセス）。

引用・参考文献

Acil Allen Consulting, 2015, *AMEP Evaluation*（Final Report to Department of Education and Training）.
アガンベン，ジョルジョ，2007，上村忠男・中村勝己訳『例外状態』未來社。
─────，2003，高桑和巳訳『ホモ・サケル──主権権力と剥き出しの生』以文社。
Altman, Jon, 2010, "What Future for Remote Indigenous Australia?: Economic Hybridity and the Neoliberal Turn," Jon Altman and Melinda Hinkson eds., *Culture Crisis: Anthropology and Politics in Aboriginal Australia*. Sydney: University of New South Wales Press, pp.259-280.
Altman, Jon and Melinda Hinkson eds., 2007, *Coercive Reconciliation: Stabilise, Normalise, Exit Aboriginal Australia*. North Carlton, VIC: Arena Publications Association.
Amnesty International Australia, 2011, *The Land Holds Us: Aboriginal Peoples' Right to Traditional Homelands in the Northern Territory*.
─────, 2009, *Race Discrimination, 'Special Measures' and the Northern Territory Emergency Response*.
Anaya, James, 2010, *Report by the Special Rapporteur on the Situation of Human Rights and Fundamental Freedoms of Indigenous People, Situation of Indigenous Peoples in Australia*.
アンダーソン，ベネディクト，2005，糟谷啓介ほか訳『比較の亡霊──ナショナリズム・東南アジア・世界』作品社。
Andrew and Renata Kaldor Centre for International Refugee Law（ARKCIRL），2017, *Factsheet: Temporary Protection Visas and Safe Heaven Enterprise Visas*.
青木麻衣子，2008，『オーストラリアの言語教育政策──多文化主義における「多様性」と「統一性」の揺らぎと共存』東信堂。
浅川晃広，2012，「オーストラリアにおける近年の技術移民政策──『選別』と『就労』の関係を中心に」『オーストラリア研究』25 号，73-87 頁。
Australian Council of Social Service（ACOSS），2008, *Submission to the Department of Families, Housing, Community Services and Indigenous Affairs: NT Emergency Response Review*.
Australian Human Rights Commission（AHRC），2013a, *Tell me About: Bridging Visas for*

Asylum Seekers.

―――, 2013b, *Asylum Seekers, Refugees and Human Rights: Snapshot Report*.

Australian Indigenous Doctors' Association (AIDA), 2010, *Health Impact Assessment of the Northern Territory Emergency Response*.

Australian National Audit Office (ANAO), 2011, *Implementation of the National Partnership Agreement on Remote Indigenous Housing in the Northern Territory*.

Baird, Marian and Alexandra Heron, 2013, "Women, Work and Elder Care: New Policies Required for Inclusive Growth," Paul Smyth and John Buchanan eds., *Inclusive Growth in Australia: Social Policy as Economic Investment*. Crows Nest NSW: Allen and Unwin, pp. 242-257.

坂東雄介, 2016, 「オーストラリアにおける市民権の取得と喪失に関する法制度――2007年オーストラリア市民権法を中心に」『商学討究』67巻2・3号, 235-281頁.

Banting, Keith and Will Kymlicka eds., 2006, *Multiculturalism and the Welfare State: Recognition and Redistribution in Contemporary Democracies*. Oxford, UK: Oxford University Press.

バウマン, ジグムント, 2010, 澤田眞治・中井愛子訳『グローバリゼーション――人間への影響』法政大学出版局.

―――, 2008, 奥井智之訳『コミュニティ――安全と自由の戦場』筑摩書房.

Billings, Peter, 2011, "Juridical Exceptionalism in Australia: Law, Nostalgia and the Exclusion of Others," *Griffith Law Review* 20 (2): 271-309.

Birtchnell, Thomas and Javier Caletrio, eds., 2014, *Elite Mobilities*. London and New York: Routledge.

Board of Inquiry into the Protection of Aboriginal Children from Sexual Abuse (BIPACSA), Northern Territory Government, 2007, *Ampe Akelyernemane Meke Mekarle (Little Children are Sacred)*.

Bottrill, Paul, 2012, "Barriers to Access and Engagement for Community-Based Asylum Seekers," *Australian Mosaic*, no. 32, pp. 3-5.

Bray, J Rob et al., 2014, *Evaluating New Income Management in the Northern Territory: Final Evaluation Report*. Sydney: Social Policy Research Centre, University of New South Wales.

Burns, Marcelle, 2009, "Closing the Gap between Policy and 'Law': Indigenous Homelands and a 'Working Future'", *Law in Context* 27 (2), pp. 114-134.

Cahir, Pam, 2013, "Community Playgroups: Building Children and Parents Capacity and Sense of Community," Playgroup Australia, *40 Years of Playgroup: Celebrating Our Story of*

Connecting Communities, pp. 2–4.
Cape York Institute for Policy and Leadership (CYIPL), 2007, *From Hand Out to Hand Up: Cape York Welfare Reform Project Design Recommendations*.
Carter, David, 2006, *Dispossession, Dreams and Diversity: Issues in Australian Studies*. Frenchs Forest NSW: Pearson Education Australia.
Central Land Council (CLC), 2008, *Reviewing the Northern Territory Emergency Response: Perspectives from Six Communities*.
Coghlan, Jo et al. eds., 2005, *Seeking Refuge: Asylum Seekers and Politics in a Globalising World*. Wollongong: University of Wollongong Press.
Cohen, Elizabeth F., 2009, *Semi-Citizenship in Democratic Politics*. Cambridge: Cambridge University Press.
Collins, Jock, 1991, *Migrant Hands in a Distant Land: Australia's Post War Immigration*. 2nd ed. Leichardt NSW: Pluto Press Australia.
Commonwealth of Australia, 2011, *Stronger Futures in the Northern Territory: Policy Statement*.
―――, 2009a, *Future Directions for the Northern Territory Emergency Response - Discussion Paper*.
―――, 2009b, *Report on the Northern Territory Emergency Response Redesign Consultations*.
―――, 2009c, *Future Directions for the Northern Territory Emergency Response: A Community Guide to Proposed Changes*.
―――, 2009d, *Policy Statement: Landmark Reform to the Welfare System, Reinstatement of the Racial Discrimination Act, and Strengthening of the Northern Territory Emergency Response*.
―――, 2009e, *Australian Government and Northern Territory Government Response to the Report of the NTER Review Board, 2009*.
―――, 2008, *Report of the NTER Review Board*.
Concerned Australians, 2011a, *Opinion: NTER Evaluation 2011*.
―――, 2011b, *Cuts to Welfare Payment for School Non-Attendance: Requested or Imposed?*
Cooper, Sonia, 2008, "The NTER Review Board Report," *Indigenous Law Bulletin* 7 (7), pp. 24–26.
Cox, Eva, 2011, "Income Management," *Arena Magazine* 113, pp. 38–40.
Cully, Mark, 2011, "Skilled Migration Selection Policies: Recent Australian Reforms," *Migration Policy Practice* 1 (1), pp. 4–7.

デランティ，ジェラード，2006，山之内靖・伊藤茂訳『コミュニティ――グローバル化と社会理論の変容』NTT 出版。

Deloitte Access Economics, 2015, *Consolidated Place Based Income Management Evaluation Report 2012-2015*. Canberra: Department of Social Services.

Department of Education, Employment and Workplace Relations（DEEWR），2011, *Building Australia's Future Workforce: Place- Based Initiatives*（Fact sheet）.

Department of Families, Housing, Community Services and Indigenous Affairs（DFHCSIA），2012a, *Closing the Gap: Prime Minister's Report 2012*.

―――, 2012b, *Stronger Futures in the Northern Territory: A Ten Year Commitment to Aboriginal People in the Northern Territory*.

―――, 2011a, *Building Australia's Future Workforce: Targeted Locations Income Management*（Fact sheet）.

―――, 2011b, *Northern Territory Emergency Response: Evaluation Report 2011*.

―――, 2010, *Closing the Gap in the Northern Territory: Monitoring Report July-December 2010*（chapter one）.

Department of Immigration and Border Protection（DIBP），2017, *Fact Sheet One: Reforms to Australia's Temporary Employer Sponsored Skilled Migration Programme ― Abolition and Replacement of the 457 visa*.

―――, 2016, *Australia's Migration Trends 2014-15*.

―――, 2015, *2014-15 Migration Programme Report*.

―――, 2014a, *Fact Sheet 83-Community Detention*（Last reviewed Thursday 02 January 2014）.

―――, 2014b, *Fact Sheet 65-Bridging Visas for Illegal Maritime Arrivals*（Last reviewed Monday 13 October 2014）.

―――, 2014c, *Migration to Australia's States and Territories 2012–13*.

―――, 2014d, *Australia's Migration Trends 2012–13*.

―――, 2014e, *Australia's Migration Trends 2013–14*.

―――, 2013a, *Immigration Detention and Community Statistics Summary*（30 November 2013）.

―――, 2013b, *Asylum Trends Australia: 2012-13-Annual Publication*.

Department of Immigration and Citizenship（DIAC），2013a, *Australia's Migration Trends 2011-12*.

―――, 2013b, *Annual Report 2012-13*.

―――, 2012a, *Australia's Humanitarian Program 2013-14 and Beyond*（Information

Paper).
―――, 2012b, *Response to the Australian Human Rights Commission Report on the Use of Community Arrangements for Asylum Seekers, Refugees and Stateless Persons who Have Arrived to Australia by Boat.*
―――, 2012c, *Annual Report 2011-12.*
―――, 2012d, *Trends in Migration: Australia 2010–11.*
―――, 2011, *Annual Report 2010-11.*
―――, 2010, *Annual Report 2009-10.*
―――, 2009, *Annual Report 2008-09.*
―――, 2008, *Annual Report 2007-08.*
Department of Immigration and Multicultural Affairs (DIMA), 2006, *Fact Sheet 81 - Australia's Excised Offshore Places.*
Devetak, Richard, 2004, "In Fear of Refugees: The Politics of Border Protection in Australia," *International Journal of Human Rights* 8 (1), pp. 101-109.
Dodson, Patrick, 2007, "Whatever Happened to Reconciliation?" Jon Altman and Melinda Hinkson eds., *Coercive Reconciliation: Stabilise, Normalise, Exit Aboriginal Australia.* North Carlton: Arena Publications Association, pp. 21-29.
Edmund Rice Centre for Justice and Community Education (ERC), 2006, *Deported to Danger II: The Continuing Study of Australia's Treatment of Rejected Asylum Seekers.*
―――, 2004, *Deported to Danger: A Study of Australia's Treatment of 40 Rejected Asylum Seekers.*
Elliott, Anthony, 2014, "Elsewhere: Tracking the Mobile Lives of Globals," Thomas Birtchnell and Javier Caletrio eds., *Elite Mobilities.* London and New York: Routledge, pp. 21-39.
Expert Panel on Asylum Seekers (EPAS), 2012, *Report of the Expert panel on Asylum Seekers August 2012.*
External Reference Group (ERG), 2008, *Visa Subclass 457 External Reference Group Final Report to the Minister for Immigration and Citizenship* (April 2008).
Featherstone, Mike, 2014, "Super-Rich Lifestyles," Thomas Birtchnell and Javier Caletrio eds., *Elite Mobilities.* London and New York: Routledge, pp. 99-135.
Ford, Margot. 2009. *In Your Face: A Case Study in Post Multicultural Australia.* Darwin NT: Charles Darwin University Press.
フーコー、ミシェル、2008、慎改康之訳『生政治の誕生――コレージュ・ド・フランス講義 1978-1979 年度』筑摩書房。

フレイザー，ナンシー，2013，向山恭一訳『正義の秤——グローバル化する世界で政治空間を再想像すること』法政大学出版局．
————，2003，仲正昌樹監訳『中断された正義——「ポスト社会主義的」条件をめぐる批判的省察』御茶の水書房．
藤田智子，2016，「新自由主義時代の社会政策と社会統合——オーストラリアにおける福祉給付の所得管理をめぐって」『オーストラリア研究』29号，16-31頁．
Hage, Ghassan, 2015, *Alter-Politics: Critical Anthropology and the Radical Imagination*. Carlton, VIC: Melbourne University Press.
————, 1997, "At Home in the Entrails of the West: Multiculturalism, Ethnic Food and Migrant Home-Building," in Helen Grace et al., *Home/World: Space, Community and Marginality in Sydney's West*. Annandale NSW: Pluto Press Australia, pp. 99-153.
ハージ，ガッサン，2008，塩原良和訳『希望の分配メカニズム——パラノイア・ナショナリズム批判』御茶の水書房．
————，2003，保苅実・塩原良和訳『ホワイト・ネイション——ネオ・ナショナリズム批判』平凡社．
濱野健，2014，『日本人女性の国際結婚と海外移住——多文化社会オーストラリアの変容する日系コミュニティ』明石書店．
ハーヴェイ，デヴィッド，2007，森田成也ほか訳『新自由主義——その歴史的展開と現在』作品社．
旗手明，2014，「外国人労働者政策の大転換か——動き出した外国人労働者の受入れ」宮島喬ほか編『なぜ今，移民問題か』（別冊『環』20），100-110頁．
ヒーター，デレック，2002，田中俊郎・関根政美訳『市民権とは何か』岩波書店．
Hinkson, Melinda, 2007, "Introduction: in the Name of the Child," in Jon Altman and Melinda Hinkson eds., *Coercive Reconciliation: Stabilise, Normalise, Exit Aboriginal Australia*. North Carlton: Arena Publications Association, pp. 1-12.
保苅実，2004，『ラディカル・オーラル・ヒストリー——オーストラリア先住民アボリジニの歴史実践』御茶の水書房．
保坂佳秀，1998a，「全豪日本クラブ（JCA）の結成」全豪日本クラブ記念誌編集委員会編『オーストラリアの日本人——1世紀をこえる日本人の足跡』全豪日本クラブ，180-181頁．
————，1998b，「シドニー日本クラブの生い立ち」全豪日本クラブ記念誌編集委員会編『オーストラリアの日本人——1世紀をこえる日本人の足跡』全豪日本クラブ，168-170頁．

細川弘明，1997，「先住権のゆくえ——マボ論争からウィック論争へ」西川長夫ほか編『多文化主義・多言語主義の現在——カナダ・オーストラリア・そして日本』人文書院，177-199 頁．

Hugo, Graeme, 2011, *Economic, Social and Civic Contributions of First and Second Generation Humanitarian Entrants*（Final Report to Department of Immigration and Citizenship），Canberra: Department of Immigration and Citizenship.

Human Rights and Equal Opportunity Commission（HREOC），2004, *A Last Resort?: The Report of the National Inquiry into Children in Immigration Detention*.

Hunter, Boyd H. and R.G. Schwab, 2003, *Practical Reconciliation and Recent Trends in Indigenous Education*（Discussion Paper, Australian National University. Centre for Aboriginal Economic Policy Research, no: 249/2003）.

井口泰，2014，「地域経済統合下の外国人政策——東アジアにおける『循環移民』」宮島喬ほか編『なぜ今，移民問題か』（別冊『環』20），111-117 頁．

飯嶋秀治，2010，「Before/After Intervention——オーストラリア先住民への『介入』政策」オーストラリア先住民研究報告書編集委員会編『オーストラリア先住民研究——国家・伝統・コミュニティと切り結ぶ日常的実践』オーストラリア先住民研究報告書編集委員会，43-54 頁．

飯笹佐代子，2007，『シティズンシップと多文化国家——オーストラリアから読み解く』日本経済評論社．

移住連貧困プロジェクト編，2011，『日本で暮らす移住者の貧困』現代人文社．

Inquiry into Immigration Detention in Australia/Joint Standing Committee on Migration（IIDA/JSCM），2009, *Immigration Detention in Australia: Community-Based Alternatives to Detention*. Commonwealth of Australia.

石井由香・関根政美・塩原良和，2009，『アジア系専門職移民の現在——変容するマルチカルチュラル・オーストラリア』慶應義塾大学出版会．

石川えり，2014，「難民認定『6 人』の衝撃——難民の社会的排除という実態」宮島喬ほか編『なぜ今，移民問題か』（別冊『環』20），321-325 頁．

Johnson, Heather L., 2014, *Borders, Asylum and Global Non-Citizenship: The Other Side of the Fence*. Cambridge UK: Cambridge University Press.

梶田孝道，1988，『エスニシティと社会変動』有信堂高文社．

鎌田真弓，2014a，「国家と先住民——権利回復のプロセス」山内由理子編『オーストラリア先住民と日本——先住民学・交流・表象』御茶の水書房，4-32 頁．

———，2014b，「オーストラリア・ネイションへの包摂」山内由理子編『オーストラリア先住民と日本——先住民学・交流・表象』御茶の水書房，33-55 頁．

―――, 2002, 「国民国家のアボリジニ」小山修三・窪田幸子編『多文化国家の先住民――オーストラリア・アボリジニの現在』世界思想社, 129-152 頁。

―――, 2001, 「多文化主義の新展開――先住民族との『和解』」『オーストラリア研究』13 号, 46-64 頁。

金田章裕, 2002, 「白人入植者とアボリジニ」小山修三・窪田幸子編『多文化国家の先住民――オーストラリア・アボリジニの現在』世界思想社, 105-128 頁。

Kevin, Tony, 2004, *A Certain Maritime Incident: The Sinking of SIEV X*. Melbourne: Scribe Publications.

クライン, ナオミ, 2011, 幾島幸子・村上由見子訳『ショック・ドクトリン――惨事便乗型資本主義の正体を暴く』岩波書店。

KMPG, 2016, *Department of the Prime Minister and Cabinet, Review of the Stronger Futures in the Northern Territory Act*（2012）, *July 2016*.

Kobayashi, Hassall Yasuko, 2017, "Debunking Negative Representations of Muslim Minorities to Overcome the Binary Between White Australia and Minorities,"『オーストラリア研究』30 号, 17-36 頁。

小井土彰宏, 2017, 「選別的移民政策の時代」小井土彰宏編著『移民受入の国際社会学――選別メカニズムの比較分析』名古屋大学出版会, 1-17 頁。

Koleth, Elsa, 2012, *Asylum Seekers: An Update*（Briefing Paper No. 1/2012）. Sydney: NSW Parliamentary Library.

Kowal, Emma. 2012, "Responsibility, Noel Pearson and Indigenous Disadvantage in Australia," Ghassan Hage and Robyn Eckersley eds., *Responsibility*. Carlton VIC: Melbourne University Press, pp. 43-56.

―――, 2008, "The Politics of the Gap: Indigenous Australians, Liberal Multiculturalism, and the End of the Self-Determination Era," *American Anthropologist* 110 (3), pp. 338-348.

キムリッカ, ウィル, 2012, 岡﨑晴輝ほか監訳『土着語の政治――ナショナリズム・多文化主義・シティズンシップ』法政大学出版局。

―――, 2005, 千葉眞・岡﨑晴輝ほか訳『新版　現代政治理論』日本経済評論社。

―――, 1998, 角田猛之ほか監訳『多文化時代の市民権――マイノリティの権利と自由主義』晃洋書房。

レッシグ, ローレンス, 2007, 山形浩生訳『CODE VERSION 2.0』翔泳社。

Levey, Geoffrey B., 2013, "Inclusion: A missing Principle in Australian multiculturalism,"

Peter Balint and Sophie Guérard de Latour eds., *Liberal Multiculturalism and the Fair Terms of Integration*. New York: Palgrave Macmillan, pp. 109-125.

——, 2008, "Multiculturalism and Australian National Identity," in Geoffrey B. Levey ed., *Political Theory and Australian Multiculturalism*. New York: Berghahn Books, pp. 254-276.

Lopez, Mark, 2000, *The Origins of Multiculturalism in Australian Politics 1945-1975*. Carlton VIC: Melbourne University Press.

町村敬志，2015，「グローバルシティ東京と「特区」構想──「国家戦略特区」の隠れた射程を考える」駒井洋監修・五十嵐泰正／明石純一編著『「グローバル人材」をめぐる政策と現実』明石書店，190-205頁。

Maddison, Sarah, 2009, *Black Politics: Inside the Complexity of Aborginal Political Culture*. Crows Nest NSW: Allen and Unwin.

Mansouri, Fethi, 2006, *Asylum Seekers in Howard's Australia: The Social and Economic Costs of Temporary Protection Visas*. Geelong Vic: Centre for Citizenship and Human Rights, Deakin University.

Mares, Peter, 2002, *Borderline*: Australia's Response to Refugees and Asylum Seekers in the Wake of the Tampa. 2nd ed. Sydney: University of New South Wales Press.

マーシャル，T. H.／トム・ボットモア，1993，岩崎信彦・中村健吾訳『シティズンシップと社会的階級──近現代を総括するマニフェスト』法律文化社。

マクレラン，アリソン／ポール・スミス編，2009，新潟青陵大学ワークフェア研究会訳『オーストラリアにおける社会政策──社会実践のための基礎知識』第一法規。

McNevin, Anne, 2011, *Contesting Citizenship: Irregular Migrants and New Frontiers of the Political*. New York: Columbia University Press.

——, 2010, "Border Policing and Sovereign Terrain: The Spatial Framing of Unwanted Migration in Melbourne and Australia," *Globalizations* 7 (3), pp. 407-419.

Migration Council Australia (MCA), 2013, *More than Temporary: Australia's 457 Visa Program*.

三浦綾希子，2015，『ニューカマーの子どもと移民コミュニティ──第二世代のエスニックアイデンティティ』勁草書房。

Mizukami, Tetsuo, 1993, *The Integration of Japanese Residents into Australian Society: Immigrants and Sojourners in Brisbane*. Melbourne: Occasional Papers of the Japanese Studies Centre, no. 20.

森千香子／エレン・ルバイ，2014，「国境政策のパラドクスとは何か？」森千香

子／エレン・ルバイ編『国境政策のパラドクス』勁草書房，1-18 頁。
モーリス-スズキ，テッサ，2004，辛島理人訳『自由を耐え忍ぶ』岩波書店。
―――，2002，『批判的想像力のために――グローバル化時代の日本』平凡社。
永田由利子，2003，「『和解』のないままに――日系オーストラリア人強制収容が意味したこと」『オーストラリア研究』15 号，91-103 頁。
Nagata, Yuriko, 1996, *Unwanted Aliens: Japanese Internment in Australia*. St. Lucia: University of Queensland Press.
長友淳，2013，『日本社会を「逃れる」――オーストラリアへのライフスタイル移住』彩流社。
National Congress of Australia's First Peoples（NCAFP），2011, *Fact Sheet*.
Neave, Colin, 2013, *Suicide and Self-harm in the Immigration Detention Network*（Report by the Commonwealth and Immigration Ombudsman）.
Northern Territory Emergency Response Taskforce（NTERT），2008, *Northern Territory Emergency Response Taskforce: Final Report to Government*.
Oishi, Nana, 2012, "The Limits of Immigration Policies: The Challenges of Highly Skilled Migration in Japan," *American Behavioral Scientist* 56（8），pp. 1080-1100.
オング，アイファ，2013，加藤敦典ほか訳『《アジア》，例外としての新自由主義――経済成長は，いかに統治と人々に突然変異をもたらすのか？』作品社。
Ong, Aihwa, 1999, *Flexible Citizenship: the Cultural Logics of Transnationality*. Durham: Duke University Press.
小野林太郎，2009，「東南アジアからオセアニアへの拡散と居住戦略」吉岡政徳監修・遠藤央ほか編『オセアニア学』京都大学学術出版会，27-39 頁。
ORIMA Research, 2017, *Cashless Debit Card Trial Evaluation Wave 1 Interim Evaluation Report February 2017*.
大澤真幸・塩原良和・橋本勉・和田伸一郎，2014，『ナショナリズムとグローバリズム――越境と愛国のパラドクス』新曜社。
Pearson, Noel, 2003, *Our Right to Take Responsibility*. Melbourne: Institute of Public Administration Australia.
Phillips, Janet and Harriet Spinks, 2012, *Skilled Migration: Temporary and Permanent Flows to Australia*（Background note）. Parliamentary Library of Australia.
Phillips, Janet et al., 2010, *Migration to Australia since Federation: a Guide to the Statistics*（Background note）. Parliamentary Library of Australia.
Phillips, Kristen, 2009, "Interventions, Interceptions, Separations: Australia's Biopolitical War at the Borders and the Gendering of Bare Life," *Social Identities* 15（1），pp. 131-

147.
Pounder, Louise, 2008, "Never Mind Human Rights, Let's Save the Children: The Australian Government's Emergency Intervention in the Northern Territory," *Australian Indigenous Law Review* 12（2）, pp. 2-21.
Pusey, Michael, 1991, *Economic Rationalism in Canberra: a Nation-Building State Changes Its Mind*. New York: Cambridge University Press.
パットナム，ロバート D., 2006, 柴内康文訳『孤独なボウリング――米国コミュニティの崩壊と再生』柏書房。
Refugee Council of Australia（RCOA）, 2007, *Australia's Refugee and Special Humanitarian: Program: Current Issues and Future Directions（2007-08）Views from the Community Sector*.
Rose, Nikolas, 1999, *Powers of Freedom: Reframing Political Thought*. Cambridge/New York: Cambridge University Press.
Roumeliotis, Violet and Esta Paschalidis-Chilas, 2013, "Settlement and Community Development: Moving and Shaping Our Civil Society," Andrew Jakubowicz and Christina Ho eds., '*For Those Who've Come across the Seas…': Australian Multicultural Theory, Policy and Practice*. North Melbourne: Australian Scholarly Publishing, pp. 83-93.
Rowse, Tim, 2007, "The National Emergency and Indigenous Jurisdictions," Jon Altman and Melinda Hinkson eds., *Coercive Reconciliation: Stabilise, Normalise, Exit Aboriginal Australia*. North Carlton: Arena Publications Association, pp.47-61.
Sanders, William, 2010, "Ideology, Evidence and Competing Principles in Australian Indigenous Affairs: From Brough to Rudd via Pearson and the NTER," *Australian Journal of Social Issues* 45（3）, pp. 307-331.
サッセン，サスキア，2011, 伊藤茂訳『領土・権威・諸権利――グローバリゼーション・スタディーズの現在』明石書店。
関根政美，2010,「白豪主義終焉からシティズンシップ・テスト導入まで――多文化社会オーストラリアのガバナンス」『法学研究』83（2）, 1-38 頁。
―――, 1994,『エスニシティの政治社会学――民族紛争の制度化のために』名古屋大学出版会。
―――, 1989,『マルチカルチュラル・オーストラリア――多文化社会オーストラリアの社会変動』成文堂。
Select Committee on Youth Suicide in the NT, Legislative Assembly of the Northern Territory（SCYSNT）, 2012, *Gone Too Soon: A Report into Youth Suicide in the Northern Territory*.

Shachar, Ayelet and Ran Hirschl, 2015, "On Citizenship, States, and Markets," Robert E. Goodin and James S. Fishkin eds., *Political Theory Without Borders*. Chichester UK: Wiley-Blackwell, pp. 206-233.
渋谷望, 2010, 『ミドルクラスを問いなおす――格差社会の盲点』NHK出版。
塩原良和, 2017a, 「『線』の管理から『面』の管理へ――技能移民受入・庇護希望者抑留と空間性」小井土彰宏編著『移民受入の国際社会学――選別メカニズムの比較分析』名古屋大学出版会, 70-94頁。
――――, 2017b, 「就学前児童支援と移住女性へのエンパワーメント――シドニーの日本人永住者によるプレイグループ活動の発展」渡戸一郎編者代表, 塩原良和・長谷部美佳・明石純一・宣元錫編著『変容する国際移住のリアリティ――「編入モード」の社会学』ハーベスト社, 61-75頁。
――――, 2017c, 『分断と対話の社会学――グローバル社会を生きるための想像力』慶應義塾大学出版会。
――――, 2016a, 「オセアニアから見えてくるもの――トランスナショナルな想像力へのレッスン」西原和久・樽本英樹編『現代人の国際社会学・入門――トランスナショナリズムという視点』有斐閣, 241-258頁。
――――, 2016b, 「『人口問題』と多文化共生――『経済』の論理と『権利』の規範」『世界思想』43号, 36-40頁。
――――, 2016c, 「在豪日本人永住者と多文化主義――シドニーにおける日本語コミュニティ言語教育の発展」長友淳編『オーストラリアの日本人――過去そして現在』法律文化社, 118-133頁。
――――, 2015a, 「グローバル・マルチカルチュラル・ミドルクラスと分断されるシティズンシップ」駒井洋監修・五十嵐泰正／明石純一編著『「グローバル人材」をめぐる政策と現実』明石書店, 222-237頁。
――――, 2015b, 「制度化されたナショナリズム――オーストラリア多文化主義の新自由主義的転回」山崎望編『奇妙なナショナリズムの時代――排外主義に抗して』岩波書店, 165-195頁。
――――, 2013a, 「先住民族の自己決定とグローバリズム――オーストラリアからの示唆」上村英明・木村真希子・塩原良和編著／市民外交センター監修『市民の外交――先住民族と歩んだ30年』法政大学出版局, 189-201頁。
――――, 2013b, 「エスニック・マイノリティ向け社会政策における時間／場所の管理――オーストラリア先住民族政策の展開を事例に」『法学研究』86 (7), 125-164頁。
――――, 2013c, 「2007〜2013年の労働党政権期におけるオーストラリアの庇

護申請者政策」『M ネット』166: 18-19 頁。

―――, 2012, 『共に生きる――多民族・多文化社会における対話』弘文堂。

―――, 2011, 「隠された多文化主義――オーストラリアにおける国民統合の逆説」日本移民学会編『移民研究と多文化共生』御茶の水書房, 20-37 頁。

―――, 2010, 『変革する多文化主義へ――オーストラリアからの展望』法政大学出版局。

―――, 2008a, 「あらゆる場所が『国境』になる――オーストラリアの難民申請者政策」『Quadrante』10 号, 151-164 頁。

―――, 2008b, 「多文化主義国家オーストラリア日本人永住者の市民意識――白人性・ミドルクラス性・日本人性」関根政美・塩原良和編『多文化交差世界の市民意識と政治社会秩序形成』慶應義塾大学出版会, 143-161 頁。

―――, 2005, 『ネオ・リベラリズムの時代の多文化主義――オーストラリアン・マルチカルチュラリズムの変容』三元社。

―――, 2004, 『「包摂」をこえて――1990 年代から 2000 年代初頭のオーストラリアにおける公定多文化主義とその社会的文脈』慶應義塾大学大学院社会学研究科博士論文。

―――, 2003, 「エッセンシャルな『記憶』／ハイブリッドな『記憶』――キャンベラの日本人エスニック・スクールを事例に」『オーストラリア研究』15 号, 118-131 頁。

Shiobara, Yoshikazu, 2005, "Middle-Class Asian Immigrants and Welfare Multiculturalism: Case Study of a Japanese Community Organisation in Sydney," *Asian Studies Review* 29 (4), pp. 395-414.

―――, 2004, "The Beginnings of the Multiculturalization of Japanese Immigrants to Australia: Japanese Community Organizations and the Policy Interface," *Japanese Studies* 24 (2), pp. 247-261.

SIEV X Secondary Schools' Case Study Committee, 2006, *The Sinking of the SIEV X: A Case Study for Secondary Schools*. 2nd. edition. Wollstonecraft NSW.

Soutphommasane, Tim. 2009. *Reclaiming Patriotism: Nation-Building for Australian Progressives*. Port Melbourne: Cambridge University Press.

Standing Committee on Legal and Constitutional Affairs (SCLCA), The Senate, 2007, *Social Security and Other Legislation Amendment (Welfare Payment Reform) Bill 2007 and Four Related Bills Concerning the Northern Territory National Emergency Response*. Canberra: Commonwealth of Australia.

Stilwell, Frank and Kirrily Jordan, 2007, *Who Gets What?: Analysing Economic Inequality in*

Australia. Port Melbourne: Cambridge University Press.

Stratton, Jon, 2011, *Uncertain Lives: Culture, Race and Neoliberalism in Australia*. Newcastle: Cambridge Scholars Publishing.

Sutton, Peter, 2009, *The Politics of Suffering: Indigenous Australia and the End of the Liberal Consensus*. Carlton VIC: Melbourne University Press.

鈴木弥香子，2017,「『根のあるコスモポリタニズム』へ──グローバル化時代の新たな試練と希望」塩原良和・稲津秀樹編著『社会的分断を越境する──他者と出会いなおす想像力』青弓社，235-249 頁。

竹田いさみ，1991,『移民・難民・援助の政治学──オーストラリアと国際社会』勁草書房。

武川正吾，2012,『政策志向の社会学──福祉国家と市民社会』有斐閣。

────，2007,『連帯と承認──グローバル化と個人化のなかの福祉国家』東京大学出版会。

Tamura, Keiko, 2001, *Michi's Memories: The Story of a Japanese War Bride*. Canberra: Pandanus Books.

The Coalition, 2013, *The Coalition's Operation Sovereign Borders Policy*.

トメイ，マヌエラ／リー・スウェプストン，2002, 苑原俊明ほか訳『先住民族の権利──ILO 第 169 号条約の手引き』論創社。

友永雄吾，2013,『オーストラリア先住民の土地権と環境管理』明石書店。

Turner, Pat and Nicole Watson, 2007, "The Trojan Horse," Jon Altman and Melinda Hinkson eds., *Coercive Reconciliation: Stabilise, Normalise, Exit Aboriginal Australia*. North Carlton: Arena Publications Association, pp. 205-212.

上村英明，2008,『新版 知っていますか？ アイヌ民族一問一答』解放出版社。

────，1992,『先住民族──「コロンブス」と闘う人びとの歴史と現在』解放出版社。

アーリ，ジョン，2015, 吉原直樹・伊藤嘉高訳『モビリティーズ──移動の社会学』作品社。

Urry, John, 2014, "The Super-Rich and Offshore Worlds," Thomas Birtchnell and Javier Caletrio eds., *Elite Mobilities*. London and New York: Routledge, pp. 226-240.

U. S Committee for Refugees（USCR），2002, *Sea Change: Australia's New Approach to Asylum Seekers*. U. S Committee for Refugees.

Vivian, Alison, 2010, "Some Human Rights are Worth More than Others: The Northern Territory Intervention and the Alice Springs Town Camps," *Alternative Law Journal* 35 (1), pp. 13-17.

Weller, Patrick, 2002, *Don't Tell the Prime Minister*. Melbourne: Scribe Publications.

Western Australian Council of Social Service (WACOSS), 2011, *WACOSS Analysis of the ORIMA Research Evaluation of the Child Protection Scheme of Income Management and Voluntary Income Management Measures in Western Australia*.

Wilson, Erin, 2011, "Much to be Proud of, Much to be Done: Faith-Based Organizations and the Politics of Asylum in Australia," *Journal of Refugee Studies* 24 (3), pp. 548-564.

Wise, Sarah, et al., 2005, *The Efficacy of Early Childhood Interventions: A Report Prepared for the Australian Government Department of Family and Community Services*. Melbourne: Australian Institute of Family Studies.

Woodliff, Sally, 2012, "The Northern Territory Emergency Response: The Unsurprising Failure of Simplistic Measures Addressing Complex Problems," *Journal of Australian Indigenous Issues* 15 (3), pp. 66-80.

吉原直樹, 2008, 『モビリティと場所――21世紀都市空間の転回』東京大学出版会。

あとがき

　オーストラリアについて書くときには特にそうなのだが，面白いと直感したテーマに飛びつき，とりあえず調べはじめて，その学問的意味は後から考えるという悪癖が私にはある。そんなふうに関心の赴くまま行ってきた研究を，2015 年度に勤務先で 1 年間のサバティカル（特別研究期間）を得たのを契機に，単著にまとめることにした。前著（塩原 2010）でお世話になった，法政大学出版局の奥田のぞみさんにご相談したときは，1 年間で一気に書き上げるつもりでいた。しかし先住民族への福祉と自己決定権や土地権，庇護希望者対策，技能移民の受け入れ，移住者の生活支援と社会統合といった多様な事例研究を結びつけ，それらに通底する社会変動の様相を浮き彫りにする作業は，想像以上に困難だった。それに加えて，仕事の依頼がもったいなくて断わりきれない貧乏性と，関わっていたいくつかの共同研究プロジェクトの計画変更が重なり，気がつけば 1 年間ではとても終えられない他の仕事を抱え込んでいた。サバティカルはあっという間に過ぎ，勤務に復帰すると業務量は以前より明らかに増えた。いつのまにか，私も大学組織の中堅と見なされる年齢になっていたのだ。こうして執筆は遅れに遅れ，奥田さんに多大なご迷惑をおかけすることになってしまった。

　これ以上は遅らせることができないと，自分でも納得がいかないまま原稿を送って，奥田さんに容赦なくダメ出しをくらう。これを何度か繰り返すうちに，時間は過ぎていった。学生の頃でも頂戴した記憶がないほど厳しいコメントが満載の原稿を前に，対応しようにも時間も取れず，ただ呆然としていたことを思い出す。現時点でも，自分の書いたものに満足はしていない。それでも，コミュニティの意義を強調し活用する政策が，特定の場所やそこ

に住む人々を特権化したり周辺化・排除したりする空間統治でもあること。それが国民社会のすべての構成員をなるべく平等に扱うという，国民的シティズンシップの理念の変質を意味すること。そして，この段階づけられたシティズンシップの台頭が，社会的分断という近年注目されている現象と結びつくことを，本書は具体的な事例とともに問題提起できたと思う。奥田さんの叱咤がなければ，ここまで辿り着けなかった。本当に感謝している。

　執筆が遅れているあいだ，オーストラリアのエスニック・マイノリティ政策やその社会的背景をめぐってさまざまな変化があった。2013年9月以降のアボット＝ターンブル保守連合政権下での出来事は本書でも可能な限り補ったが，その本格的な分析は今後の課題としたい。しかし終章でも述べたように，2007-13年のラッド＝ギラード労働党政権期の分析から得られた視点は，その後の保守連合政権での変化を分析する際にも重要である。本書での問題提起が特定の時期や政権に限定されない，現代オーストラリアのエスニック・マイノリティ政策研究の重要な論点だと確認できたのは，刊行が遅れたケガの功名かもしれない。

　本書にまとめた研究を進めるにあたり，多くの皆様のご協力とご指導をいただいた。ここに全員のお名前を挙げることはできないが，インタビューやフィールドワークにご協力いただいた皆様，本書の原型となる研究報告や論文にご高評をいただいた方々に，深く感謝したい。もちろん，本書の内容に関する責任は，すべて私自身にある。

　また以下の各章は，他の編著書に収録された初出論稿を大きく改稿したものである。転載をご快諾いただいた関係者各位に深く御礼を申し上げたい。

　第4章と第5章は，以下の論稿を分割してそれぞれを大幅に加筆修正し，別々の章として完成させたものである。

　塩原良和「『線』の管理から『面』の管理へ――技能移民受入・庇護希望者抑留と空間性」小井土彰宏編著『移民受入の国際社会学――選別メカニズムの比較分析』名古屋大学出版会，2017年，70-94頁。

　第6章と第7章は，以下のふたつの論稿をやはり分割して再編集し，徹底

的に加筆修正を加えたものである。

　塩原良和「在豪日本人永住者と多文化主義——シドニーにおける日本語コミュニティ言語教育の発展」長友淳編『オーストラリアの日本人——過去そして現在』法律文化社，2016年，118-133頁。

　塩原良和「就学前児童支援と移住女性へのエンパワーメント——シドニーの日本人永住者によるプレイグループ活動の発展」渡戸一郎編者代表，塩原良和・長谷部美佳・明石純一・宣元錫編著『変容する国際移住のリアリティ——「編入モード」の社会学』ハーベスト社，2017年，61-75頁。

　本書の出版に際して，2017-18年度豪日交流基金出版助成プログラムによる支援を受けることができた。オーストラリアの政治や社会への批判的な視点を少なからず含む本書を採択してくださった，オーストラリア連邦政府外務貿易省，在日オーストラリア大使館，そして豪日交流基金に感謝したい。そのような度量の広さ，大らかさが，私がオーストラリアの人や社会に惹きつけられる理由である。これからも批判的な姿勢は変わらないと思うが，それは私のオーストラリアへの愛着の裏返しでもある。

　本書を書き始める直前，私は一児の父親になった。だから本書を，ライフステージとライフスタイルが大きく変化した時期に書いたことになる。育児・家事分担について私を決して甘やかさないパートナーとともに子どもを育てるのは，何物にも代えがたい貴重な経験である。誤解を恐れずに言えば，本1冊書くよりもずっと大変で大切なことがあると実感するし，社会学の本を読み調査を重ねていくのとは違った角度から，日本社会のいまを経験している。社会学者としても，教員としても，ひとりの人間としても，その意義は掛け値なしに大きい。睡眠時間を削って倒れそうになりながら本書を執筆したのは事実だが，そもそも家族の存在が励みになったから，ここまで研究を続けてこられたのだ。だから最後に，最大の感謝の気持ちを，パートナーと娘に伝えたい。

　　　2017年9月　　　　　　　　　　　　　　　　　　　　　塩原良和

索　引

1975 年人種差別禁止法　Racial Discrimination Act 1975　21, 49, 53, 57, 64, 66
1976 年アボリジナル土地権法（北部準州）　The Aboriginal Land Rights (Northern Territory) Act 1976　24, 48, 67-68
457 ビザ　subclass 457 visa　29, 98, 100-101, 103-106, 108, 159-160
45 日ルール　79
CALD　Culturally and Linguistically Diverse　129-130
HSC　Higher School Certificate　138-140
HSC 日本語対策委員会　139-141, 143-144, 148-149
JCS North School　125
JCS 日本語学校エッジクリフ校，エッジクリフ校　126
JCS 日本語学校シティ校，シティ校　126-127
JCS 日本語学校ダンダス校，ダンダス校　126
JCS 日本語学校ノーザンビーチ校，ノーザンビーチ校　126
ＪＣＳレインボー・プロジェクト，レインボーステイ・プロジェクト　145-147
LOTE　Language Other than English　125, 132
M ワード　41
National Community Detention Network　86
NESB　Non-English Speaking Background　129
No Advantage Policy　81-82, 89
NSW 州エスニック問題委員会　Ethnic Affairs Commission of NSW　134
NSW 州プレイグループ協会　Playgroup NSW　127-128, 130, 137
SIEV X　Suspected Illegal Entry Vessel X　32
Skilled Occupation List　106
Skills Australia　107

あ 行

アーキテクチャ　72-73
アウトソーシング　16, 78, 132, 137, 152,
アガンベン，J　Agamben, J.　11, 77
アクセスと公平　Access and Equity　40-41
アクティブな市民，アクティブなシティズンシップ　13, 156
アジア系専門職移民　120
アジア太平洋国家化　39
アナヤ，J　Anaya, J.　71
アナング・ピトゥジャントジャティアラ・ヤンクニュトジャティアラ地区　Anangu Pitjantjatjara Yankunytjatjara Lands (APY Lands)　54
アボット＝ターンブル保守連合政権，アボット＝ターンブル政権　Abbott-Turnbull Coalition Government　14, 158
アボット政権　Abbott Government　2-3, 14, 55, 83, 85, 95
アボリジナル，アボリジニ　20-21, 23, 25, 144, 146
アボリジナルとの和解評議会　Council for Aboriginal Reconciliation　25
アボリジナル・トレス海峡諸島民　22-23
アボリジナル・トレス海峡諸島民委員会（ATSIC）　Aboriginal and Torres Strait Islander Commission　22-23, 26 73
アボリジナル問題担当省　Department of Aboriginal Affairs　21
あることの多文化主義　multiculturalism of being　97
アルトマン，J　Altman, J.　75
アンダーソン，B　Anderson, B.　141

石井由香　Ishii, Y.　98, 119-120

移住支援センター（MRC）　Migrant Resource Centre　41, 43

移住者（政策，受入政策）　1-5, 7, 9-10, 12, 14, 19, 27, 29, 36-43, 57, 91, 103, 108-109, 111, 115, 119, 121-123, 125, 127, 129, 131-132, 137, 140-141, 148, 151-156, 160, 162

移住者互助組織　ethnic organisation, community organisation　121-122, 125, 147

移住者の互助活動，移住者による互助活動　5, 13, 123, 137

移住者の地域における互助を活用した（する）支援，移住者の互助を活用した（する）支援　community-based assistance for immigrants　16, 119, 122, 125, 129, 131-133, 137-138, 141, 151, 155

移住者の定住支援（政策・施策・団体），移住者定住支援（政策・施策・団体），移住者支援（政策・施策・団体）　1, 4, 10, 13-14, 16, 36, 38, 40-41, 43, 58, 92, 122-124, 127, 130, 137, 151, 154

移住ゾーン　migration zone　30

移住ゾーンからの除外地域　excised offshore places　30, 79, 82

一時的宿泊施設　Immigration Transit Accommodation　84-85

一時保護ビザ（TPV）　Temporary Protection Visa　29, 34-35, 79, 158

移民，移民政策　3-4, 13-14, 17, 19, 21, 27, 39, 42, 58, 97, 108-109, 113-114, 120-122, 124, 148, 161

移民・国境警備省（DIBP）　Department of Immigration and Border Protection　3

移民・市民権省（DIAC）　Department of Immigration and Citizenship　3

移民・多文化・先住民族問題省（DIMIA）　Department of Immigration, Multicultural and Indigenous Affairs　2-3

移民・多文化省（DIMA）　Department of Immigration and Multicultural Affairs　3

移民受入プログラム　Migration Program　27, 29, 36-38, 98, 101

移民コミュニティ　139, 144

移民省　Department of Immigration　2-4, 36, 86, 88-91, 106-108

イルカラ　Yirrkala　23

ヴィクトリア日本クラブ　121

ウィク判決　1996 Wik Decision　24, 26

ウィットラム労働党政権　Whitlam Labour Government　22, 27, 38, 40

ヴィラウッド　Villawood　44, 85

ウーメラ，ウーメラ抑留施設　Woomera, Woomera Immigration Reception and Processing Centre　33-35

ウーロンゴン　Wollongong　108

ウラン，反ウラン　142-145, 147

ウルティモ地区　Ultimo　126

永住移住者，永住移住　29, 36-37, 99, 103

エスニック・コミュニティ　5, 7-10, 13, 38, 132

エスニック・マイノリティ，エスニック・マイノリティ政策　1, 4, 6-8, 14-15, 19, 38, 41, 57, 115-116, 122, 153-154, 157, 160-161, 163

エスニック権利多文化主義　39

遠隔地（遠距離）ナショナリズム　141-143

遠隔地先住民族向け住宅に関する全国協力協定　National Partnership Agreement on Remote Indigenous Housing　69-70

エンパワーメント　137, 153

オーストラリア・ファーストピープル全国会議（コングレス）　National Congress of Australia's First Peoples　73-74

オーストラリア人権・機会均等委員会　Human Rights and Equal Opportunity Comission　21

オーストラリア人権委員会　Australian Human Rights Commission　90

オーストラリア政府会議（COAG）　Council of Australian Governments　65, 69

オーストラリア赤十字社　Australian Red Cross　86, 89

オーストラリア先住民族医師協会　Australian

Indigenous Doctor's Association　56
オーストラリア難民協会　Refugee Council of Australia　90
オーストラリアン・マルチカルチュラリズム　Australian Multiculturalism　42
オーストラレイジア矯正施設管理社（ACM）　Australasian Correctional Management　33, 44
オフショア　28-29, 35, 80-81
覚書　69
オリンピック・シティズンシップ　101
オング，A.　Ong, A.　12, 120, 156-157
オンショア　28-29, 81, 85

か行

ガーニャチャラ地区　Ngaanyatjarra Land　55
海外子女教育振興財団　134
格差是正の取り組み　Closing the Gap Initiative　15, 61, 63, 65, 71, 151
格差の是正　63, 65
家族・住宅・コミュニティサービスおよび先住民族問題省　Department of Families, Housing, Community Services and Indigenous Affairs　2
家族移民　29, 36-37, 98, 111, 153
家族支援手当　family assistance payment　50-51
カリー，M　Cully, M.　107
仮滞在ビザ　bridging visa　4, 28, 29, 84-85, 92
仮放免ビザ，ブリッジング・ビザE　Bridging Visa E　4, 28-29, 84-85, 87-89, 91
仮放免ビザ所持者　BVE holder　28, 86, 88-89, 91-95
ガルバリー・レポート　Galbally Report　40
企業移住協定　Enterprise Migration Agreement　29, 111
企業連合体　Alliance　69
規制緩和　12, 15, 47, 61, 63, 67-68, 70, 72
季節労働者　112
季節労働者プログラム　Seasonal Worker Program　29, 112
技能移民　4, 12, 16, 19, 29, 36-37, 97-98, 101-103, 105-106, 108-111, 113, 115, 117, 121, 123, 151, 153-156, 159
技能移民受入政策，技能移民受入プログラム，技能移民政策　14-16, 103-104, 108
技能実習制度　112-113, 161
技能を要する職業　skilled occupation　98-99
キャメレイ地区　Cammeray　125
キャンベラ日本クラブ　121
供給主導型　supply-driven　103-108, 117
ギラード，J　Gillard, J.　14, 80, 146
ギラード政権，ギラード労働党政権　Gillard Labour Government　14, 30, 42, 54, 65, 80, 82-83
キラニー・ハイツ地区　Killarney Heights　126
キリバス　Kiribati　112
クイーンズランド日本クラブ　121, 133
クライン，N　Klein, N.　47
クリスマス島　Christmas Island　30
グリンジ　Gurindji　23
グループ4　Group 4 Flack Global Solution　44
黒い喪章史観　black arm-band view of history　25
グローバル・エリート　101-102, 113-115, 119, 153, 156, 161
グローバル・ミドルクラス　102
グローバルな多文化的ミドルクラス　17, 101-102, 113-117, 119, 121, 148, 153, 156, 162
経済主義的多文化主義　42
継承語　heritage language　124, 135, 137, 140,
継承語コース　Heritage Language Course　140
継続学習者コース　Continuers Course　138-139
ケープ・ヨーク，ケープ・ヨーク地域　Cape York　45-46, 52, 54
ケープ・ヨーク・パートナーシップ・プログラム　Cape York Partnership Program　46
ケープ・ヨーク政策リーダーシップ研究所　Cape York Institute for Policy and Leadership　46, 52
ケープ・ヨーク福祉改革トライアル　Cape York Welfare Reform Trial　52

索　引　187

ゲストワーカー制度　113
結束型の社会関係資本　5, 18
健康福祉カード　Healthy Welfare Card　55, 158
憲法における和解　constitutional reconciliation　63
権利保障重視の取り組み，権利保障を重視する取り組み，権利を重視した政策，権利重視の政策（アプローチ）　rights-based approach　23-26, 45, 68, 73-74, 152
公営住宅　69, 86-87, 89, 91, 93
公定多文化主義　39-40
高度人材　1, 12, 101, 119, 148, 161
豪日協会　120
拘留中のアボリジナルの不審死　Aboriginal death in custody　25
ゴールドコースト　Gold Coast　108
国益，経済的国益　19, 37, 39, 41-42, 107, 113, 132, 153
国外抑留施設　offshore immigration detention facilities　29-31, 78-83, 88
国際協力事業団（JICA）　The Japan International Cooperation Agency (JICA)　121, 123
国際結婚，国際結婚日本人女性，国際結婚移住女性，国際結婚家庭　123, 126, 130-132, 139-142, 144, 148
国民的・領域的シティズンシップ，国民国家の領域的シティズンシップ，国民的シティズンシップ　7, 11, 13, 157, 161
ココス諸島　Cocos Islands　30
互助活動（組織）　community, community organisation　5-6, 13, 58, 124, 137-138, 142, 147, 155
コスモポリタン的消費　114
国境管理，国境管理政策，国境警備政策　4, 11, 77
子ども投げ捨て疑惑　children overboard　32
子どもは天からの授かりもの報告書　Little Children are Sacred Report　47, 49
コミュニティ　1-2, 4-7, 10-11, 15-18, 27, 43, 65, 71, 94, 121, 124, 151, 153, 163
コミュニティ・プレイグループ　127-131,
137-138, 148
コミュニティ・レジリエンス　10
コミュニティ開発　10, 39, 46, 60
コミュニティ開発雇用プロジェクト（CDEP）　Community Development Employment Project　23, 46, 48-49, 63-66, 75
コミュニティ関係委員会　Community Relations Commission　134
コミュニティ言語　124-126, 132, 139
コミュニティ支援プログラム　Community Assistance Support Program　89
コミュニティ能力構築　10
コミュニティへのアウトソーシング　131, 155
コミュニティワーカー　41
コミュニティを通じた統治　government through community　9-11, 15-17, 45, 50, 55, 59, 94, 151, 154-155
コリンズ, J　Collins, J.　39

さ 行

サービスプロバイダー　86
在外教育施設　123, 134
在外投票権獲得運動　141
在外邦人，法人　141, 148
差異化されたシティズンシップ　differentiated citizenship　7-9, 13
在豪日本人　121, 141-142, 147-148
サイレント・マイノリティ型　120
差別　7, 10, 21, 25, 33, 38, 114-115, 119, 139
サモア　Sāmoa　112
惨事　47
惨事便乗型資本主義　47
3.11　142-147
シェパートン　Shepparton　54
自己決定権，自己決定　self determination　11, 15, 20-26, 45-46, 50, 56, 60-62, 65-67, 69-73, 152, 155
自己決定政策　self determination policy　22, 25-26, 43, 45-46, 49-50, 59, 70, 72-73
自己責任　10-11, 13, 16-17, 45-47, 50, 59, 62-63, 65, 70, 94, 109, 119, 151-157, 161

自主管理　self management　21-22
自主決定　self determination　21-22
持続可能な発展　67
失業手当のための労働　work for the dole　48
実用的な和解　practical reconciliation　26
シティズンシップ　5-7, 17, 21, 115-116, 155-157, 160, 162
シドニー　Sydney　16, 44, 78, 85, 93, 108, 122-124, 126, 130-131, 133-134, 139-140, 143, 145-149, 159
シドニー西部近郊　130-131
シドニー南西部郊外　131
シドニー日本クラブ（JCS）　Japan Club of Sydney　121-127, 138-141, 146
シドニー日本語土曜学校　125-127, 134
シドニー日本語日曜学校　126
シドニー北部近郊，シドニー北部　91, 125
市民運動　137, 141, 144-145
市民社会　16, 141, 144, 146
社会関係資本　5, 18, 23, 120
社会実験　46, 51-52, 55, 59, 63, 156-157, 161
社会的シティズンシップ　6-8, 10-11, 23, 152
社会統合政策，社会統合，社会への統合　1, 7, 13, 38-41, 115-116, 119, 151-153
ジャップ・レポート　Jupp Report　40
ジャパニーズ・フォー・ピース（JFP）　144-145, 147
ジャパン・クカバラ・クラブ　Japan Kookaburra Club　121
宗教系非営利団体　86
州限定・地方移住促進制度　State Specific and Regional Migration　29, 109-110
住宅型滞在施設　Immigration Residential Housing　84-86
収入管理制度　income management　45, 49-50, 51-59, 63-65, 151, 154, 158
週末補習校　123
住民運動　137-138,
自由民主主義　8, 39, 42
重要な投資者ビザ　Significant Investor visa　29, 101-102

従来型抑留施設，従来型の抑留施設，国内の抑留施設　detention facilities　15-16, 32, 77-78, 85-86, 88, 90, 94
主権ある国境作戦　Operation Sovereign Borders　83
出産手当　baby bonus　51
出入国管理政策，出入国管理　3, 12-13, 15, 36, 113, 115-116, 151, 153, 161
首都特別地域（ACT）　Australian Capital Territory　3, 65
主要遠隔地タウン　Major Remote Town　75
需要主導型　demand-driven　103-108, 113
主流化　mainstreaming　40-41
常態化　47, 55
消費志向型移住　113
条約（先住民族との）　Treaty　25
将来の労働力の育成　Building Australia's Future Workforce　54
初学者コース　Beginners Course　138, 139
職業リスト　occupation list　107
新規移住者　93, 98-99
新自由主義，新自由主義者　1, 9-10, 14, 41, 43, 47, 50, 62, 72, 116, 119, 152-154, 156, 160-161, 163
新自由主義的改革，新自由主義的な改革　11, 15-17, 51, 62-63, 72, 78, 151-153, 155, 161
新自由主義的国家，ネオリベラル国家　9, 78
新自由主義的な空間統治，新自由主義的空間統治　17, 153-157, 160, 163
新自由主義的例外化，例外としての新自由主義　neoliberalism as exception　12-13, 117
人的資本　10, 37, 102, 113, 120, 148
人道的特別配慮プログラム（SHP）　Special Humanitarian Program　28-29, 81
スーパー・リッチ　102
スキルセレクト　SkillSelect　107-109
ストラットン, J　Stratton, J.　78
スポンサー付き永住移住，スポンサー付き永住ビザ，スポンサー付きビザによる永住技能移住　29, 36-37, 105, 108
スポンサー付き地方移住制度　Regional

索引　189

Sponsored Migration Scheme　29, 108-110
生活保護費　income support　50-51
生産的多様性　productive diversity　42
成人移住者英語教育プログラム（AMEP）
　Adult Migrant English Program　4
世界経済危機　16, 104, 106, 154
セカンドワーキングホリデービザ　29, 112
責任を取る権利　right to take responsibility　46
関根政美　Sekine, M.　42
セドゥナ　Ceduna　55
セルコ・オーストラリア　Serco Australia　85
ゼロ・トレランス　46
全豪日本クラブ　121, 133, 141
全豪ネットワーク　133
全国先住民族改革協定　National Indigenous Reform Agreement　65
戦時社会　warring society　12
先住権原　native title　22, 24, 60-62, 74
先住権原修正法　Native Title Amemdment Act 1998　26
先住権原法　Native Title Act 1993　24, 74
先住民族　indigenous peoples　1-5, 7, 9-11, 14-15, 19-26, 38-40, 43, 45-46, 48-53, 55-75, 116-117, 129, 142, 144, 151-155, 157-158, 162
先住民族運動　24, 73-74, 152
先住民族共同体　indigenous communities　11, 23-24, 45, 47-52, 54-56, 58, 60-61, 64, 67, 69, 73-74, 158
先住民族指導者　26, 45, 49-50, 73
先住民族政策　2, 4, 10-11, 14-15, 17, 20, 23-24, 26, 45-46, 50, 152, 154
先住民族の権利に関する国際連合宣言
　United Nations Declaration on the Rights of Indigenous Peoples　22, 43, 63, 72-73
先住民族の自殺　56
先住民族の土地の5年間の強制借り上げ　48, 64-65, 68-69
先住民族向け住宅とインフラに関する戦略的プログラム　Strategic Indigenous Housing and Infrastructure Program　69-70
先住民の人権および基本的自由の状況に関す

る国連特別報告者（先住民問題特別報告者）　Special Rapporteur on the Situation of Human Rights and Fundamental Freedoms of Indigenous People　49, 71
戦争花嫁　120
センターリンク　Centrelink　51, 53-54, 89
早期介入　early intervention　135
早期介入プレイグループ　early intervention playgroup　128-129
ソーシャルワーク　6, 39, 41
ソロモン諸島　Solomon Islands　112

た 行

ターンブル（保守連合）政権　Turnbull Coalition Government　14, 159
ターンブル, M　Turnbull, M.　159
代替的抑留, 代替的抑留方式　15, 34-36, 78-79, 85, 87-88, 90
第二の故郷（ホーム）　149, 162
太平洋季節労働者パイロット制度　Pacific Seasonal Workers Pilot Scheme　112
卓越した人材ビザ　Distinguished Talent visa　29, 101-102
タスマニア日本クラブ　133
多文化オーストラリアのための新アジェンダ　A New Agenda for Multicultural Australia　41
多文化オーストラリアのためのナショナル・アジェンダ　National Agenda for a Multicultural Australia　40
多文化主義, 多文化主義政策　1, 9, 13-14, 21, 38-43, 115-116, 122, 124-125, 129, 132, 133-134, 140-141, 144, 152-156, 161
多文化プレイグループ　129
多様性と統一のバランス　19
多様性の中の統一　152
段階づけられたシティズンシップ　graduated citizenship　117, 155, 157, 161
タンパ号事件, タンパ　Tampa affair, Tampa　30
地域社会, 地域共同体　community　1-2, 5, 15, 28, 35, 41, 48, 54, 56-57, 67, 77-79, 84-85,

87-95, 114, 129, 131-132, 137, 148, 151, 153-155
地域社会滞在型抑留施設 Community Detention 84, 86-89, 91, 94
地域社会を活用した抑留 community-based detention 16, 28, 36, 78-79, 84, 90-91, 93, 151, 154, 157
地域発展タウン Territory Growth Town 71-72
チェルノブイリ原発事故 145
地方 Regional Australia 16, 108-109, 111-113, 155, 158
地方移住協定 Regional Migration Agreement 29, 111
ツバル Tuvalu 112
定住支援助成制度（SGP） Settlement Grants Program 43
テラ・ヌリウス，無主地 terra nullius 20, 24
デランティ，G Delanty, G. 5
テロ，テロリズム，テロリスト，テロ対策 11-12, 30, 41, 153, 160
伝統的土地所有者 traditional owner 24, 48, 68
テント大使館 Aboriginal tent embassy 24
同化，同化政策 20-21, 25, 39, 60
特別措置 special measure 47, 49
独立技能移住，独立技能移住ビザ skilled independent visa 29, 103, 105, 107, 117
土地権 land rights 11, 15, 22, 24, 45, 48, 60-63, 67-74, 151-152
土地権回復運動 23
ドットソン，P Dodson, P. 26
友永雄吾 Tomonaga, Y. 74
トランスナショナリズム 143
トレス海峡諸島民 Torres Strait Islanders 20
トンガ Tonga 112

な 行

内閣府 Department of the Prime Minister and Cabinet 2
ナウル Nauru 30-31, 79-81, 83, 112

ナショナリズム 14-15, 42, 145
ナショナリティ 6
ナショナル・アイデンティティ 42
難民 refugee 1, 3-4, 11-12, 14-16, 27-37, 77-84, 86, 88, 116, 154, 158, 162
難民高等弁務官事務所（UNHCR） United Nations High Commissioner for Refugees 90
難民条約 Convention Relating to the Status of Refugees 27-28, 30, 77, 156
難民や人道的見地からの受入者 refugee and humanitarian entrants 3-4, 27, 31, 36-37, 153
難民や人道的見地からの受入プログラム Refugee and Humanitarian Program 27-29, 80, 82, 98
西オーストラリア州の収入管理制度 52
西豪州日本クラブ 121
日豪プレス 140, 147
日系コミュニティ 141
日本語エスニック・スクール，エスニック・スクール 124-125
日本語コミュニティ言語教室，コミュニティ言語教室 Japanese Community Language Schools, Community Language Schools 124-127, 129-132, 138-140, 148
日本語（の）継承，継承語としての日本語 123, 131-132, 135
日本人移民コミュニティ，日本人コミュニティ 121, 132-133
日本人永住者，日本人移住者 119-124, 126-127, 130-131, 133-134, 137, 140-149
日本人会 120, 143, 146
日本人学校 123
日本人互助組織，日本人移住者互助組織 Japanese community organisation 120-121, 123-124, 127
日本人駐在員，駐在員 120-123, 130, 133, 140, 143, 146
日本総領事館 146
入域許可制度 permit system 48, 68-69
ニューカッスル Newcastle 108
ニューサウスウェールズ日本語補習校 126

二流国民　11, 156-157
盗まれた世代　stolen generation　21, 25
ネオリベラル多文化主義　14, 43, 113, 116
ネオリベラルな市民　13, 156
根付いたコスモポリタニズム　149
ノースショア日本語学校　126, 134

は行

ハージ, G　Hage, G.　12, 97
パース都市部　52, 54
ハイエク, F　Hayek, F.　9
排外主義, 排外主義的ナショナリズム　14, 30, 36-37, 79, 154, 159, 161-162
配慮すべき事情を抱えた世帯　vulnerable family groups　87
白豪主義　27, 39, 120-121
白人の優位性という幻想　97
バクスター抑留施設　Baxter Immigration Reception and Processing Centre　35
パシフィック・ソリューション　Pacific Solution　31, 34, 78-80, 83, 155, 157
場所を重視した収入管理制度　place-based income management　54, 57-58, 151
場所を重視した制度（施策）　place-based policies　15, 53
橋渡し型社会関係資本　18
パターナリズム　26, 49-51, 62-63, 65, 67
働く未来政策　Working Future Policy　71
パットナム, R　Putnam, R.　5, 18
バヌアツ　Vanuatu　112
パプア・ニューギニア　Papua New Guinea　79-81, 83, 112
バリ・プロセス　Bali Process　81
ハワード, J　Howard, J.　14-15, 26, 32, 41, 51-52, 63, 67, 73
ハワード保守連合政権, ハワード政権　Howard Coalition Government　2-3, 11, 14-15, 22, 25-26, 28, 30, 32, 35-37, 42, 45-48, 50-52, 59, 62-63, 65, 68-69, 73, 77-79, 83-85, 87, 90, 92, 97-98, 103, 105-106, 158
バンクスタウン　Bankstown　54, 57-58, 60

反原発　142-145, 147
半熟練一時滞在労働者, 半熟練労働者　semi-skilled worker　12, 97, 111-113, 116-117, 155-156, 158, 160-161
ピアソン, N　Pearson, N.　45-46, 52, 64
東キンバリー地域　East Kimberley　52, 54-55
東チモール　Timor-Leste　112
東日本大震災　141
飛行機でやってきた庇護希望者　Plain Arrivals　28, 92-94
庇護希望者　asylum seekers　1-4, 12, 14-16, 19, 28, 30,-32, 35-36, 41, 77-88, 90-94, 97, 116-117, 151, 153-155, 157-158, 162
庇護希望者支援制度　Asylum Seekers Assistance Scheme　89
庇護希望者政策　14-15, 17, 27-28, 30, 77-79, 83-84, 97, 154, 158
庇護希望者対策の軍事化, 軍事化　27, 30
庇護希望者問題　1, 4, 97
庇護希望者を原則全員収容する方針, 原則全員収容する方針　mandatory detention　28, 77, 90
ビジネスイノベーション・投資ビザ　Business Innovation and Investment visa　29, 109,
非熟練一時滞在労働者, 非熟練労働者, 非熟練移住労働者　non-skilled worker　12, 16, 97, 111-113, 116-117, 155-156, 158, 161
非正規入国・滞在者抑留施設, 抑留施設　detention facilities　28, 32, 33-35, 44, 77-78, 83-85, 92
フィッツジェラルド・レポート　Fitzgerald Report　42
フィリップス, K　Phillips, K.　78
フーコー, M　Foucault, M.　9
フォレスト日本語学校　126
福祉依存, 福祉への依存　15, 45-47, 53-54, 56-58, 152
福祉国家　6-8, 16, 161
福祉国家的社会政策　7, 9-10, 13, 22, 40, 50, 154, 163
福祉主義的多文化主義　42

福祉ショーヴィニズム　11, 154
福祉多文化主義　40-41, 43, 115-117
福島　143-147
福島原発事故　145
福島第一原子力発電所　141
船で非正規に入国する庇護希望者（IMA）　Irregular (Illegal) Maritime Arrivals　28, 30, 32, 35-36, 77, 80-85, 88, 90, 92, 153, 155, 157-158
フリードマン，M　9
ブリスベン　Brisbane　108
ブリスベン日本クラブ　133
不利な立場に置かれた地域　disadvantaged region　53
不利な立場に置かれている地域社会　disadvantaged communities　53
プレイグループ　playgroup　127-133, 137, 148
フレイザー保守連合政権，フレイザー政権　Fraser Coalition Government　21-22, 27, 40
プレイフォード　Playford　54
フレクシブルな市民　119-120, 147-148, 156, 162
プレスクール　137
プレミアムな投資者ビザ　Premium Investor visa　29, 101-102
文化多元主義　39
文化的コスモポリタニズム　114
文化的シティズンシップ　8
分断　17, 24, 74, 78, 151, 157, 160-162
ヘイトスピーチ　114, 162
ベーシックスカード　BasicsCard　51, 55, 158
ポイント・テスト　36-37, 103-107
ポイント・テスト移住（GSM），ポイント・テストによる技能移住　General Skilled Migration　29, 36-37, 105-109, 117
放浪者　12
ホーク＝キーティング労働党政権　Hawke-Keating Labour Governemnt　25
ホーク労働党政権，ホーク政権　Hawke Labour government　22, 40
ボート・ピープル　27
ホームスティ　145
ホームランド　11, 15, 61-62, 67-74, 155
ホーンズビー地区　Hornsby　126
ホーンズビー日本語学校　126
北部準州緊急対応（NTER），北部準州緊急対応政策　Northern Territory Emergency Response　15, 26, 45-52, 54-57, 59, 62-69, 74, 151
北部準州緊急対応特別部隊　Northern Territory Emergency Response Taskforce　48, 63
北部準州への介入　Northern Territory Intervention　66
母語　114, 124, 138-139
保護者のいない未成年者　unaccompanied minors　86-87, 89
母語話者コース　Background Speakers Course　138-140
保守連合，保守連合政権　Coalition　3-4, 14, 55, 73, 83-84, 154, 159
補足授業　Extension Course　138
ホモ・エコノミクス　10
本当の経済　real economy　46, 64
本当の仕事　real job　64

ま行

マヌス，マヌス地域　Manus　31
マボ判決　Mabo decision　24
マレーシアン・ソリューション　Malaysian Solution　80-81
ミドルクラス，ミドルクラス移民　17, 102, 113, 119, 121, 144, 148, 152-153
ミドルクラス多文化主義　113, 116, 152
ミドルパワー国家化　39
メルツアー，L　Meltzer, L.　73
メルボルン　Melbourne　78, 93, 108, 144-145, 147
モーリス－スズキ，T　Morris-Suzuki, T.　78
もつことの多文化主義　multiculturalism of having　97

や行

横入り　queue jumper　31, 82

より強い未来政策　Stronger Futures Policy　66-67
ヨルタ・ヨルタ　Yorta Yorta　74

　　　　　ら　行

ライフスタイル移住　113, 142
ラヴァトン広域行政区　Laverton Shire　55
ラッド，K　Rudd, K.　2, 14, 52, 63, 83
ラッド＝ギラード労働党政権，ラッド＝ギラード政権　Rudd-Gillard Labour Government　2-4, 11, 14-17, 19-20, 27-28, 37, 54, 63, 79, 84, 86, 108-109, 113, 151, 153-154, 157, 159, 161
ラッド労働党政権，ラッド政権　Rudd Labour Government　14, 22, 52, 63-65, 68-69, 72, 79-80, 83, 98, 103-104, 158
リバウッド　Riverwood　126
リビングストン　Livingstone　54
リベラル・ナショナリズム　42
リベラルな多文化主義　39, 41, 152
リベラルな福祉多文化主義　115
ルイシャム地区　Lewisham　126
例外化　11-13, 15, 156

例外状況　11, 55, 77-78
レイシズム　14
レッシグ，L　Lessig, L.　72
連邦社会サービス省（DSS），社会サービス省　Department of Social Services　3-4, 59
労働協定　Labour Agreement　29, 111
労働党政権，労働党　Australian Labour Party, Labour Government　2, 13-16, 26, 36, 40, 43, 47, 51, 53, 55-58, 62-63, 65, 67-68, 72-73, 78-80, 83, 85, 87-94, 98, 104-107, 111-112, 154, 158, 160
ローガン　Logan　54
ローズ，N　Rose, N.　6, 10, 13, 154
ロックハンプトン　Rockhampton　54
ロペス，M　Lopez, M.　39-40

　　　　　わ　行

ワーキングホリデー（制度・ビザ）　29, 112, 123
ワークフェア　54
和解　reconciliation　24, 63
ワッケンハット社　Wackenhat　44

著者紹介

塩原良和（しおばら　よしかず）

1973年埼玉県生まれ。慶應義塾大学大学院社会学研究科後期博士課程単位取得退学。博士（社会学）。日本学術振興会海外特別研究員（シドニー大学）、東京外国語大学外国語学部准教授などを経て、現在、慶應義塾大学法学部教授。専門領域は国際社会学・社会変動論、多文化主義・多文化共生研究。オーストラリアと日本を主なフィールドとして、多文化化する社会に関する研究を進めている。主著に『分断と対話の社会学』（慶應義塾大学出版会、2017年）、『共に生きる』（弘文堂、2012年）、『変革する多文化主義へ』（法政大学出版局、2010年）、『ネオ・リベラリズムの時代の多文化主義』（三元社、2005年）、『社会的分断を越境する』（共編著、青弓社、2017年）、『変容する国際移住のリアリティ』（共編著、ハーベスト社、2017年）など。

分断するコミュニティ
オーストラリアの移民・先住民族政策

2017年10月10日　初版第1刷発行

著　者　塩原良和
発行所　一般財団法人　法政大学出版局
　　　　〒102-0071 東京都千代田区富士見2-17-1
　　　　電話03（5214）5540　振替00160-6-95814
製版・印刷：平文社，製本：根本製本
装幀：奥定泰之
Ⓒ 2017　Yoshikazu Shiobara
Printed in Japan

ISBN 978-4-588-67520-1